Le Devoir Intellectuel

DE

LA FEMME

PAR

M. le chanoine VALENTIN

Docteur en théologie et docteur ès-lettres
Professeur à la Faculté libre des Lettres de l'Institut catholique de Toulouse

PRIX : 1 FR.

PARIS

VICTOR RETAUX, LIBRAIRE-ÉDITEUR

82, RUE BONAPARTE

LYON	TOULOUSE
EMMANUEL VITTE	ÉDOUARD PRIVAT
LIBRAIRE-ÉDITEUR	LIBRAIRE-ÉDITEUR
3, place Bellecour.	45, rue des Tourneurs.

1901

LE DEVOIR INTELLECTUEL

DE

LA FEMME

OUVRAGES DU MÊME AUTEUR :

_____

Saint Prosper d'Aquitaine : Etude sur la littérature latine ecclésiastique au ve siècle en Gaule. Paris, A. Picard, 82, rue Bonaparte; Toulouse, E. Privat, 45, rue des Tourneurs. Prix : 10 fr.

Cardinalis Richelius scriptor ecclesiasticus. Tolosæ, ex typographia catholica sancti Cypriani, 27, juxta Garumnæ ambulacra (allée de Garonne, 27).

Se vend aussi chez M. Privat, 45, rue des Tourneurs. Prix : 3 fr.

Eloge de Christophe Colomb. **Prix** : 20 centimes.

Panégyrique de saint Thomas. **Prix** : 50 centimes.

Le Devoir Intellectuel

DE

LA FEMME

PAR

M. le chanoine VALENTIN

Docteur en théologie et docteur ès-lettres
Professeur à la Faculté libre des Lettres de l'Institut catholique de Toulouse

PRIX : 1 FR.

PARIS

VICTOR RETAUX, LIBRAIRE-ÉDITEUR

82, RUE BONAPARTE

LYON	TOULOUSE
EMMANUEL VITTE	ÉDOUARD PRIVAT
LIBRAIRE-ÉDITEUR	LIBRAIRE-ÉDITEUR
3, place Bellecour.	45, rue des Tourneurs.

1901

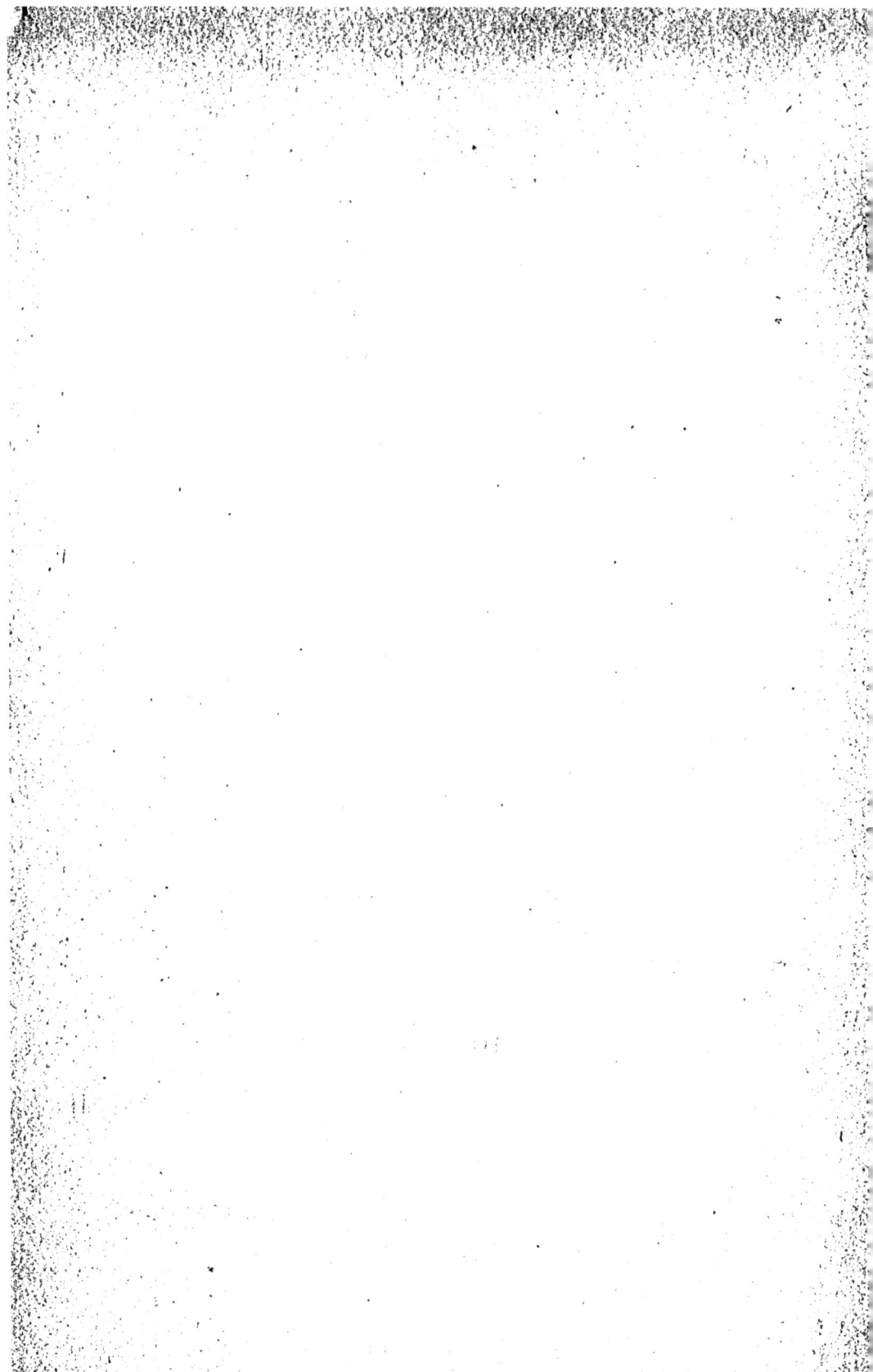

A LA MÉMOIRE

DE

Ma Mère C. VALENTIN

ET DE

Ma Sœur Théolinde VALENTIN

DÉCÉDÉES DANS LE SEIGNEUR

INTRODUCTION

J'adresse ces quelques lignes aux femmes chrétiennes qui ont des loisirs. Un homme de beaucoup d'expérience et de grand talent, le spirituel causeur de *l'Echo de Paris*, Jules Lemaitre, décrit ainsi la vie de la mondaine : « Vivre des journées uniquement composées de divertissements et d'actes futiles : toilettes interminables, séances chez la couturière, déjeuners, dîners, thés, visites, conférences dites littéraires, soirées, bals, théâtres, et toutes les variétés de réunions mondaines, réunions qui ont pour seul objet un plaisir de sensualité ou de vanité, user son temps en conversation stupides quand elles ne sont pas malfaisantes... faire des platitudes pour être reçue et pour être vue dans certaines maisons, dédaigner tout ce qui n'est pas de « son monde » ; ne jamais faire un effort qui n'ait pour but une satisfaction personnelle et de l'ordre le plus frivole ; passer ainsi du matin au soir tous les jours que Dieu fait ; réduire le devoir de charité à quelque maigre somme donnée à une quête, ou à quel-

ques genres de parade et de papotage dans une bou-
tique d'opéra comique... Voilà la vie d'une perruche
mondaine... que dis-je, voilà d'une femme du monde
honnête » (1).

Assurément les femmes honnêtes, si elles sont
chrétiennes, comprennent autrement la vie, et cependant... certains détails de ce tableau ne leur seraient-ils
point applicables ? Les unes ne sont-elles pas coupables
de frivolité ? Les autres ne couvrent-elles pas des
noms les plus respectables ce qui pourrait bien être
le péché de paresse ? On n'a pas le temps : les enfants,
le mari, les pauvres, les convenances sociales ont tout
pris, on ne peut rien donner à l'étude. Nous voudrions
amener ces dernières à réfléchir sérieusement sur leur
devoir intellectuel. Nous pensons qu'on a toujours du
temps quand on veut en avoir, de même que le débi-
teur honnête trouve toujours l'argent nécessaire pour
se libérer. A l'œuvre donc, Mesdames, vos sœurs les
libres penseuses travaillent; elle sont armées pour la
bataille, l'êtes-vous autant qu'elles ? Vous avez à
« remplir des devoirs qui sont, pense Fénelon, les
fondements de la vie humaine » êtes-vous prêtes à les
remplir ? Comment les remplirez-vous sans l'étude ?
Il est fortement question aujourd'hui des revendications
féminines; des voix s'élèvent de tous côtés bruyantes
et passionnées, c'est, dit un religieux allemand, le
P. Cathrein, un vrai « *charivari* ». Le mot est dur, je
n'aurais pas osé le prononcer, et je me reproche
presque de l'avoir cité. Or, le meilleur moyen de

(1) *Echo de Paris,* 22 mai 1901.

conquérir vos droits c'est de pratiquer vos devoirs, montrez-vous, par une culture intellectuelle, sérieuse, dignes du rôle nouveau que vous ambitionnez, et peut-être obtiendrez-vous quelque chose. Le féminisme économique, politique ne triomphera point, non certes, ce serait une catastrophe meurtrière, mais quelques-uns de vos *desiderata* passeront dans les lois. On finit tôt ou tard par avoir la liberté qu'on mérite.

Je ne me suis adressé qu'aux femmes qui appartiennent aux classes supérieures, à celles qu'on appelait jadis les classes dirigeantes. Est-ce à dire qu'il n'y ait de *devoir intellectuel* que pour elles? Nous ne le croyons pas. L'instruction de la femme doit suivre le progrès de celle de l'homme. Aujourd'hui la science se vulgarise, de simples ouvriers sont au courant des récentes découvertes, les universités populaires, dont on connaît l'esprit, font l'éducation des masses; la femme de l'ouvrier a donc un *devoir intellectuel* : qu'elle remplace dans ses heures de loisir le roman qui l'amuse et la perd par le livre sérieux qui l'instruira; elle a le temps de lire son feuilleton, comment n'aurait-elle pas le temps de lire... quoi donc?... les livres classiques de ses enfants !

Mais vous toutes qui allez vous mettre à l'étude souvenez-vous bien que, selon le mot de Bacon « la religion est l'antidote qui empêche la science de se corrompre. » La science, la science féminine surtout est un péril si elle se sépare de la religion.

Le 15 mai 1901.

LE DEVOIR INTELLECTUEL

DE

LA FEMME

———

PREMIÈRE CONFÉRENCE [1]

———

Autrefois, Mesdames, la situation intellectuelle de la femme pouvait s'exprimer par cette formule légèrement paradoxale : Pendant son éducation elle n'apprenait pas grand'chose, et elle oubliait pendant sa vie ce qu'elle avait appris pendant son éducation. Un préjugé qui remonte bien loin, plus haut que Molière et Chrysale, plus haut que les Romains et les Grecs, que le vieil Euripide et Caton le brutal, un préjugé qui venait, peut-être, du Paradis terrestre, condamnait la femme à l'ignorance, que dis-je, lui faisait presque de l'ignorance un *devoir d'Etat*. Comme la femme est consciencieuse, elle accomplissait ce devoir non moins que tous les autres. Tandis que pour le jeune

———

[1] Donnée à l'école de l'*Immaculée-Conception* de Pau, le vendredi, 8 février 1901.

homme, ses classes finies, ses études commençaient; pour la femme, ses classes finies presque avant d'être commencées, ses études finissaient avec ses classes : la mère, l'épouse, la femme du monde, la ménagère la saisissaient au sortir du pensionnat, et, absorbaient toute son *intellectualité*. Aujourd'hui, la science attire la femme; il faut que ce mouvement continue. C'est pour travailler à l'accélérer que des hommes éminents, Mgr d'Hulst, de sainte, de scientifique, d'apostolique mémoire, Mgr Péchenard, Recteur de l'Institut catholique de Paris, Mgr Batiffol, Recteur de l'Institut catholique de Toulouse ont organisé des *Cours de jeunes filles*, et ont fait appel au talent de collaborateurs tels que M. Denys Cochin, M. Lapparent, M. l'abbé Klein, le R. P. Montagne, l'abbé Maisonneuve, le P. Suau...

En présentant aux femmes chrétiennes les cours d'enseignement supérieur que devait inaugurer l'Institut catholique de Paris en 1897, cours dont la préparation occupa les dernières heures d'une vie si active, Mgr d'Hulst écrivait : « Un mouvement presque irrésistible pousse la femme à élever sans cesse son niveau intellectuel. Ses aspirations dans ce sens dépassent parfois celles de l'homme. »

C'est ce mouvement qui m'a conduit devant vous, qui vous a conduites ici nombreuses, très nombreuses, curieuses, d'une curiosité qui ne va peut-être pas sans quelque malice, curieuses de voir comment un ecclésiastique se comportera sur un terrain aussi délicat, et de quelle manière je vais traiter mon sujet.

Eh! bien, Mesdames, armons-nous, moi de courage, vous de patience et de miséricorde et commençons. Voici ma proposition : *L'étude seule peut permettre à la femme de remplir sa mission individuelle.*

I

Vous avez une âme, Mesdames, c'est très sur, encore que le deuxième concile de Mâcon, tenu en 585 ou 588, ait défini le contraire..... Mais est-ce bien vrai? Grégoire de Tours dans son *Histoire de France* (Livre VIII, chap. xx), raconte qu'à ce concile de Mâcon un évêque, un seul, demanda... et tous ses collègues répondirent affirmativement, demanda dis-je... non point si la femme avait une âme, mais si le terme *homo* pouvait s'entendre aussi bien de la femme que de l'homme ; la question qu'il posait était donc philologique et non théologique ; j'ai déjà dit qu'il lui fut répondu unanimement que le terme *homo*, comme le terme français *humanité*, comme le substantif grec ἄνθρωπος pouvait désigner la femme aussi bien que l'homme.

Et maintenant, Mesdames, que je vous ai restitué votre âme nous pouvons argumenter.

Cette âme féminine est semblable à la nôtre : elle comprend, elle veut, elle aime ; elle a été créée par Dieu et rachetée par lui ; elle peut mériter le ciel et l'enfer, recevoir les sacrements... Or cette âme féminine a trouvé des détracteurs. On lui laisse ses prérogatives surnaturelles, on ne lui enlève ni la grâce, ni le ciel, ni l'enfer ; on respecte tout son être surnaturel, mais on mutile son être naturel. Tandis que l'âme masculine présente l'image de la Trinité : que Dieu le Père, Dieu le Fils, Dieu le Saint-Esprit ont laissé reconnaissable leur empreinte dans cette âme qui pense, veut et aime, dans cette Trinité humaine, qui a, elle aussi, ses trois personnes, l'âme féminine, la trinité humaine dans l'âme féminine n'aurait que deux personnes, car la femme, paraîtrait-il, aime et veut mais ne *pense* pas.

Allons, Mesdames, préparez-vous à être magnanimes, vous allez avoir beaucoup à pardonner..., à Molière d'abord :

Il n'est pas bien honnête et pour beaucoup de causes
Qu'une femme étudie et sache tant de choses.
Former aux bonnes mœurs l'esprit de ses enfants,
Faire aller son ménage, avoir l'œil sur ses gens,
Et régler sa dépense avec économie
Doit être son étude et sa philosophie.
Nos pères sur ce point étaient gens bien sensés
Qui disaient qu'une femme en sait toujours assez
Quand la'capacité de son esprit se hausse
A connaître un pourpoint d'avec un haut de chausse.
Les leurs ne lisaient point mais elles vivaient bien.
Leurs ménages étaient tout leur docte entretien
Et leurs livres un dé, du fil et des aiguilles
Dont elles travaillaient au trousseau de leurs filles.

Or Molière c'est le sens commun parlant un admirable
français, et M. de Maistre l'oppose *galamment* aux préten-
tions intellectuelles de sa famille, de Mlles Adèle et Constance qui avaient cru (quelle illusion !) qu'elles pouvaient
étudier et s'instruire impunément. Il aggrave lui-même
le péché de Molière, le crime de lèse-intelligence féminine
commis par le grand poète comique. N'a-t-il pas osé écrire
à sa fille Constance qu'une femme doit : « Se tenir à sa
place, et ne pas affecter d'autres perfections que celles qui
lui appartiennent. Je possède un chien nommé *Biribi* qui
fait notre joie ; si la fantaisie lui prenait de se faire seller
et brider pour me porter à la campagne, je serais aussi peu
content de lui que je le serais du cheval anglais de ton
frère, s'il imaginait de sauter sur mes genoux ou de prendre
le café avec moi. L'erreur de certaines femmes est d'ima-
giner que, pour être distinguées, elles doivent l'être à la
manière des hommes. Il n'y a rien de plus faux. C'est le
chien et le cheval... »

Et il ajoute ailleurs avec une ironie féroce :

« ... Au reste, ma chère enfant, il ne faut rien exagérer :
je crois que les femmes, en général, ne doivent point se
livrer à des connaissances qui contrarient leurs devoirs;
mais je suis fort éloigné de croire qu'elles doivent être par-
faitement ignorantes. Je ne veux pas qu'elles croient que

Pékin est en France, ni qu'Alexandre le Grand demanda en mariage une fille de Louis XIV ». Vous voyez que le programme de l'éducation féminine, tel que paraît le concevoir de Maistre, n'est pas surchargé. Au xvie siècle, Montaigne en proposait un qui n'était guère plus étendu et qui était inspiré par le même scepticisme.

Après vous avoir insulté, en français, Mesdames, permettez-moi de vous insulter en italien :

Hamilton Cavallotti écrivait en 1872 (*La Scuola*, v. 1) « que la femme soit instruite ; qu'elle ne mette pas Anvers en Danemark, qu'elle ne fasse pas de Xénophon un philosophe romain ou d'Anaxagore un général Athénien ; qu'elle ne cite pas comme des chefs-d'œuvre les tragédies de Rubens ». Je cite Cavallotti, je n'oserais citer Lombroso.

Lessing *vient à sa tour* comme dans la fable : il a osé écrire : « Une femme qui pense est aussi ridicule qu'un homme qui met du rouge ». Et encore Lessing est charmant à côté de Schopenhauer, de Nietzche, de Hartman, de tout le troupeau des pessimistes d'outre-Rhin. Je pourrais, Mesdames, vous manquer de respect en grec avec Hésiode, Euripide, Aristote ; en latin avec Juvénal, et même avec les écrivains les plus graves de la nation la plus grave qui fut jamais, avec tous ces penseurs de Rome, qui opposent, sans cesse, à la *majestas virorum* le *sexus imbecillis, levis, impar laboribus*, je ne traduis point par politesse et ... parce que je soupçonne que vous l'avez déjà fait. Le latin théologique de la Réforme est plus dur encore que le latin juridique du paganisme : « L'épouse et le domestique doivent au maître la même obéissance » dit Luther (1). Il traite « d'esprit dangereux » Vivès, précepteur de Marie Tudor, parce qu'il voulait pour les femmes une éducation étendue. Dans la seule année 1595, cinquante thèses sont soutenues à Wittenberg, dans lesquelles on dénie à la femme la dignité de personne humaine (2). Je pourrais encore, Mes-

---

(1) Voici d'ailleurs le texte : « Si non licet *servo* contra dominum... contendere et erigere ita nec mulieri contrà Dominum. (LUTH., *Œuvr*., t. I, édit. Witteberque, 1558, pp. 23-25.
(2) Voir le *Correspondant*, 10 mars 1901, p. 916, article de

dames, vous manquer de respect en anglais, avec Milton
qui vous appelle, le dirai-je, un *beau défaut de la nature*,
traduisant ainsi le terrible καλὸν κακόν de la *Théogonie*. Vous
avez, Mesdames, des ennemis dans toutes les langues, en
latin, en grec, en allemand, en anglais, et, confessons-le,
en français. Je vous l'ai déjà prouvé, j'y reviens ; il y a
même des déserteurs... des désertrices qui combattent
contre vous : l'*Antiféminisme intellectuel* compte quelques
femmes dans son effectif.

Mme de Maintenon, affirmait que les « femmes ne comprennent rien qu'à demi » ; et Daniel Stern (c'est Mme la
marquise d'Agoult) a écrit : « Les femmes portent en tout
l'esprit de chimère ».

Vous vous écriez avec le poète :

En est-ce assez, grands dieux, et le ciel pour me nuire
A-t-il quelqu'un des miens qu'il veuille encore séduire !

Oui, Mesdames, vous répondent les *grands dieux :* Malebranche, le doux Malebranche, est d'une anatomie impla-
cable : il écrit que, sans doute, sur les choses du goût les
femmes ont « plus de science, d'habileté et de finesse que
les hommes » mais qu'elles sont « pour l'ordinaire incapables de pénétrer des vérités un peu cachées » et cela
assure-t-il « à cause de la délicatesse des fibres de leur cerveau. »

Mais ce que Malebranche insinue, d'autres le reprennent
vivement, brutalement. La science a donc *pesé, cubé* (aujour-
d'hui le *cubage* est plus en honneur que le *pesage*) le cerveau féminin et le cerveau masculin, le premier pèse moins,
cube moins que le second. De plus vous êtes malades,
Mesdames. Hippocrate se demande : « Qu'est-ce que la
femme ? » et il répond : « la maladie ». Michelet dira plus
tard : « Un enfant malade » !! Que vous avez tort d'être
malades, Mesdames.

L'austère scolastique intervient dans la personne d'un

M. LAMY. Nous ne saurions trop recommander l'étude de M. Lamy
à nos lecteurs.

philosophe en soutane et en soutane violette, justement considéré, et raisonne ainsi : (1)

Nihil est in intellectu quod prius non fuerit in sensu. Nos idées ne sont que des sensations transformées, spiritualisées : nos idées dépendent donc de nos sensations, lesquelles dépendent de nos sens. Si les sens sont faibles, ils n'envoient au laboratoire psychologique que des sensations faibles, qui se transforment en idées faibles comme elles. Et voilà la femme réduite en vertu de la délicatesse... dirait Malebranche, en vertu de la faiblesse de sa constitution, disent les autres, condamnée à n'avoir que de faibles idées ou à n'en pas avoir du tout. C'est ainsi que ces messieurs suivent le conseil de Manou : « *Ne frappez pas une femme même avec une fleur* ». Une dernière citation encore, pour vous bien montrer que mon impertinence est au courant. « Discuter avec une femme, écrit M. Henry-C. Moreau dans *L'un ou l'autre*, n'est peut-être guère moins naïf que de prétendre jouer du piano avec un archet. » Et, cependant, quel artiste délicat, quel délicieux écrivain que M. Moreau ! Les écrivains féministes eux-mêmes, M. Legouvé, M. Marion, sont durs quelquefois pour leur malheureuse cliente. L'auteur de la *Psychologie de la femme* ne répète-t-il pas, sans le réfuter, ce mot terrible échappé à *une* de ses élèves : « *La logique n'a été faite ni par la femme ni pour la femme* ». Quelle exécution ou plutôt quel suicide !

Rassurez-vous, Mesdames, insulter n'est pas prouver : *Vituperatio non est argumentum.* Car enfin la faiblesse physique n'est pas un argument de faiblesse intellectuelle. Descartes, Bacon, Malebranche, Kepler, François de Sales, James Watt, Richelieu, Voltaire, Fontenelle, et, parmi les saints, Pierre Damien, Raymond Nonnat étaient très malingres, et cependant la faiblesse de leur constitution physique ne s'était point communiquée à leur esprit. Le comte de Fontaines se faisant transporter sur le champ de bataille pour disputer la victoire à Condé prouvait bien

---

(1) *L'idéal antique et l'idéal moderne*, par Mgr MARINI, protonotaire apostolique.

2

qu'une « âme guerrière est maîtresse du corps qu'elle anime ». Que dis-je, j'ai même lu dans la préface de la *Vale-tudo Salernitana*, dédiée, il est vrai, à Richelieu, que la faiblesse physique était la condition de la vigueur intellectuelle.

Et puis, est-il même bien sûr que Molière et de Maistre, pour ne parler que des deux plus célèbres antiféministes, aient été aussi catégoriques que leur mauvaise réputation et les citations que j'ai faites, dont on a tant abusé contre vous, Mesdames, paraissent l'indiquer ?

Molière condamne-t-il réellement dans les *Femmes savantes* la science féminine ? Oserait-il vouer à l'impuissance la raison féminine ? Malheureuses femmes qui ne perdez jamais le droit de diviser les hommes même les plus graves, même les critiques.

Eh ! bien, Molière attaque non la science féminine mais l'abus de la science féminine. Ce n'est point parce que Philaminte, Armande et Belise, *les Trois Disgrâces* de Paul de Saint-Victor, sont savantes que Chrysale se fâche, mais parce qu'elles sont à la fois pédantes et distraites.

Pédantes ! Elles étalent leur science à tout venant et à tout propos, devant Chrysale, devant Martine, la pauvre Martine, devant la judicieuse Henriette. Elle n'ont donc jamais lu le *Grand Cyrus* (10e partie, livre II), où Mlle de Scudéry s'exprime si bien sur ce sujet : « Encore que je voulusse que les femmes sussent plus de choses qu'elle n'en savent par l'ordinaire, je ne veux pourtant jamais qu'elle agissent ni qu'elles parlent en savantes... Ce n'est pas que celle qu'on n'appellera point savante ne puisse savoir autant et plus de choses que celle à qui on donnera ce terrible nom ; mais c'est qu'elle se sait mieux servir de son esprit, et qu'elle sait cacher adroitement ce que l'autre montre mal à propos. »

Oui, c'est bien cela, une femme ne doit pas agir ni parler en savante. Or Philaminte, Armande et Belise *parlent* en savantes, et ce qui est plus fort, *agissent* en savantes. Non seulement elles sont pédantes, mais distraites ; oui, distraites : ménagères distraites, cuisinières distraites, aussi Chrysale s'emporte.

C'est à vous que je parle, ma sœur.
Le moindre solécisme en parlant vous irrite

(Voilà pour la pédante).

Mais vous en faites-vous d'étranges en conduite.

(Voici pour la distraite).

Vos livres *éternels* ne me contentent pas.
. . . .
Vous devriez brûler tout ce meuble inutile
Et laisser la science aux docteurs de la ville.
. . . .
Ne point aller chercher ce qu'on fait dans la lune
Et vous mêler un peu de ce qu'on fait chez nous,
Où nous voyons aller tout sens dessus dessous.
Car l'on sait tout chez moi, hors ce qu'il faut savoir.
. . . .
On y sait comment vont lune, étoile polaire,
Vénus, Saturne et Mars dont je n'ai point affaire;
Et dans ce vain savoir qu'on va chercher si loin,
On ne sait comment va mon pot dont j'ai besoin.
Mes gens à la science aspirent pour vous plaire
Et tous ne font rien moins que ce qu'ils ont à faire.
. . . .
L'un me brûle mon rôt en lisant quelque histoire,
L'autre rêve à des vers quand je demande à boire
Enfin, je vois par eux votre exemple suivi,
Et j'ai des serviteurs et ne suis point servi !

C'est donc la distraction des savantes que poursuit
Molière et non leur science. Il leur abandonne le ciel et la
terre, leur permet tous leurs voyages dans la lune, à condition que leurs devoirs culinaires n'en souffriront pas. D'ailleurs, pas de doute, il est très catégorique sur le droit de
la femme, sur son devoir même d'être instruite. Il consent :

Qu'une femme ait *des clartés de tout*

Des *clartés*, non des *lueurs;* des *clartés*, c'est-à-dire des
idées nettes *de tout*.

Mais il lui défend

> De se rendre savante afin d'être savante.

Ecoutez encore Clitandre ou Molière :

> Et j'aime que souvent aux questions qu'on fait
> Elle sache ignorer les choses qu'elle sait ;
> De son étude enfin je veux qu'elle se cache,
> Et qu'elle ait du savoir sans vouloir qu'on le sache.

Est-ce Fénélon ou est-ce Molière qui parle...? Voilà donc Molière convaincu de féminisme. Comment s'expliquer alors que de Maistre — l'antiféministe de Maistre — invoque à l'appui de son antiféminisme l'autorité de Molière ?

Mais prenez garde que l'antiféminisme de de Maistre est plus problématique encore que celui de Molière.

« Mesdemoiselles Adèle et Constance vous avez fait une « grande faute en naissant. Comme vous étiez les filles « d'un homme d'esprit, vous vous êtes avisées de naître « spirituelles, il fallait naître sottes. Votre Père condamne « le charmant esprit qu'il vous a donné à mourir de faim. « Vous souriez Adèle, vous souriez Constance. Pourquoi « donc? — Parce que notre Père est un féministe qui joue « si bien l'antiféminisme qu'il a fait illusion. Le grand « écrivain qu'est notre Père est aussi un grand artiste; « son antiféminisme est un antiféminisme... hygiénique. »

Ecoutons, en effet, ce qu'il écrit à sa chère Adèle (*Idol mio*) :

« J'ai été enchanté des progrès que tu fais dans le dessin et de ton goût pour les belles choses; mais j'ai sur tout cela une terrible nouvelle à te donner : c'est qu'il faut t'arrêter et consacrer une partie de ton temps à l'oisiveté; *ta santé* l'exige absolument. Je te conjure donc, mon cher enfant, de faire tes efforts pour devenir sotte, au moins jusqu'à un certain point. Il faut te jeter chaque jour dans le fauteuil douillet de l'ignorance, en répétant, si tu veux, pour t'encourager, un adage de notre amie commune feu

Madame la marquise de Sévigné : *Bella cosa far niente.*
Autrement tu t'effileras et tu ne seras plus qu'un petit
bâton raisonnable, raisonnant ou raisonneur, ce qui me
fâcherait beaucoup. J'ai dit le surplus à ta mère ; ne prends
pas ceci pour un badinage : l'excès d'application pourrait
te faire beaucoup de mal. »

Ainsi ce n'est point parce qu'il juge les femmes incapables
de science, ou obligées par état d'être ignorantes, qu'il condamne Adèle à ne rien faire; l'ignorance ne lui paraît pas
faire partie de son devoir de femme, mais la science menace
sa *santé*, il lui recommande donc l'ignorance hygiénique et
temporaire... Et dans cette lettre même où il se fait si ten-
drement l'avocat du *far niente*, l'écrivain qui vient de
détourner sa fille de la littérature, engage avec elle une
dissertation littéraire. « Parlons encore un peu de littérature. Tu me cites un beau passage sur Homère; pour te
payer, je t'en cite un d'Homère. Un Athénien qui vit pour
la première fois le fameux Jupiter de Phidias, dit à l'artiste : « Où donc as-tu vu Jupiter, homme étonnant? Es-tu
« monté sur l'Olympe? » Phidias répondit : « Je l'ai vu dans
« ces quatre vers du poète : « Il dit, et le froncement de son
« noir sourcil annonça ses volontés. Sa chevelure parfumée
« d'ambroisie s'agita sur la tête de l'Immortel et, d'un signe
« de cette tête, Il ébranla l'immense Olympe. »

« Et toi, mon cher enfant, peux-tu l'apercevoir dans cette
traduction? A propos, as-tu lu l'*Iliade* et l'*Odyssée?* Il faut
les lire à cause de leur célébrité, et parce qu'il est impossible d'écrire un livre où l'on ne trouve quelque allusion à
ces sublimes balivernes... » (Puis il lui indique la traduction
de Bitaubé. Quel antiféministe!!!) Il continue : « Je loue
beaucoup ton goût pour le Tasse; cependant, l'inexorable
juge du xviiᵉ siècle a dit : « *Clinquant du Tasse, or de*
« *Virgile.* » Un homme comme Boileau peut bien avoir tort,
mais jamais *tout à fait tort.* » Enfin, il voudrait relire
avec sa fille la *Jérusalem délivrée* : « *Nondimeno*, la *Jérusalem délivrée* sera toujours un des grands chefs-d'œuvre
du génie moderne; mais à présent que tu l'entends à fond,
je voudrais la relire avec toi *en esprit de critique.* »

L'esprit de la lettre est donc, non certes l'exclusion, l'interdiction des études pour la femme, mais la nécessité de ménager sa santé pour une jeune fille malade. On en peut juger par la conclusion : « Adieu, mon très cher enfant, (toujours le masculin), raconte-moi toujours tes pensées et tes occupations ». Donc, il veut qu'elle ait des *pensées* et ce mot *pensée* se rapporte aux études dont sa fille l'avait entretenue. Ainsi, dans la lettre même où il semble interdire les études à sa fille, il l'engage à les continuer. Ecoutons encore une fois cet étrange antiféministe : « Soigne ta santé scrupuleusement, ne *me* fais point mal à *ta* poitrine. Conserve *ta bête* ; ton oncle t'a fait comprendre suffisamment l'importance de cet animal. »

C'est concluant ! De Maistre défend à sa fille, non de travailler, mais de travailler jusqu'à se rendre malade.

Voilà donc l'antiféminisme réfuté par lui-même.

Mais ce n'est vraiment pas assez, Mesdames, ce n'est pas assez d'une réfutation c'est une réparation qu'il vous faut. Dieu lui-même vous la donne. Consultons la Bible, le vrai nobiliaire féminin.

Au chapitre ɪ de la *Génèse* (v. 27, 28), nous lisons :

Dieu créa l'être humain (*hominem*), à son image et ressemblance ; il le créa homme et femme, il le bénit et il lui dit : Croissez, multipliez-vous, remplissez la terre, soumettez-là...

Donc unité d'auteur : Dieu, créateur de l'homme et de la femme ; même dignité : ressemblance divine ; même bénédiction ; même grâce accordée pour l'accomplissement d'une même mission. La mission est tellement commune, que c'est au pluriel que parle l'écrivain sacré : *croissez, commandez ; crescite, subjicite*. Et au chapitre ɪɪ du même livre (v. 18, 21-23), l'historiographe divin est plus formel encore : « Il n'est pas bon, dit-il, que l'homme soit seul, donnons-lui donc un auxiliaire semblable à lui. » — Très bien s'écrie le concile bruyant des antiféministes de l'un et de l'autre costume, du monde, et, de l'Eglise, *semblable* dit le texte sacré, non *égal*. Or, tout l'antiféminisme est en germe dans cette différence. — Eh bien, l'Esprit-Saint s'est commenté lui-même. C'est au xvii° chapitre de *l'Ecclésiastique* (pp. 5 et suiv.) qu'il faut demander l'interprétation du passage qui nous divise. La véritable charte de noblesse de l'intelligence féminine est là; nulle part n'est affirmée plus clairement l'égalité des sexes et la communauté d'attributs.

« Dieu a tiré de l'homme l'auxiliaire qu'il lui a donné, la femme. Cet auxiliaire est *semblable* à lui ». Et puis, passant tout à coup du singulier au pluriel par une anacoluthe significative : « *Il leur a donné*, dit-il, vous entendez, *il leur a donné la sagesse* et la parole (*Consilium et linguam*) ; il « *leur* a donné la force de penser (*Cor excogitandi*); il *les* remplit (toujours le pluriel, toujours les deux sexes rapprochés par l'écrivain sacré, et s'inclinant sous la même bénédiction) il *les* remplit de la lumière, de l'intelligence; il a créé en *eux* la science de l'esprit (*scientiam spiritus*); il a orné leur cœur de sens. » Comment les négateurs de la pensée féminine peuvent-ils accorder leurs négations avec un texte aussi formel ! Comment peuvent-ils restreindre le sens de l'expression *adjutorium simile sibi* au simple concours matériellement moral que la femme doit à l'homme ? (1).

Et le Nouveau Testament qui associe la femme à toute la vie surnaturelle, qui prend à ses côtés la mère du Dieu incarné, ne lui est pas moins favorable que l'Ancien...

Ah ! sans doute, l'égalité de nature n'empêche pas la subordination. Saint Paul (2) rappelle aux femmes leurs devoirs si la *Genèse* et l'*Ecclésiastique* leur enseignent leurs droits, mais ces droits, mais cette égalité de nature est incontestable.

D'ailleurs les femmes ont affirmé leur intelligence par les œuvres de leur intelligence, elles aussi ont prouvé le mouvement en marchant. Clément d'Alexandrie vante l'érudition des Grecques, il écrit : « Les filles de Diodore

---

(1) Voir *L'idéal antique et idéal moderne*, p. 19, note.
(2) I *Corinth.*, xi, 8, 9.
    Ephès., v, 22 et suiv.

excellaient dans la dialectique... Plusieurs femmes suivaient les cours de Platon ; les leçons d'Aspasie ne furent pas inutiles à Socrate, je ne compte pas les femmes qui ont excellé dans la poésie et la peinture. » Et il conclut : « L'étude de la philosophie est donc un devoir pour les femmes comme pour les hommes ». On sait que, par philosophie, il fallait entendre alors toutes les sciences. Sainte Monique, la mère de saint Augustin, assistait aux entretiens philosophiques de *Cassiciacum* et pouvait les suivre. Hypatie, la fille du mathématicien Cléon, fit l'admiration de son temps. Au XIIe siècle, la science n'étonne plus chez une femme. Héléna Cornaro est reçue docteur à Padoue ; Christine de Pisan écrit la *Cité des Dames* : dans cet ouvrage elle s'élève contre ceux qui voudraient exiler les femmes de la science, citant l'exemple de cette *Novelle*, fille d'un canoniste de Bologne, qui, à l'occasion, remplaçait son père. Seulement elle cachait son visage « derrière une petite courtine » de peur que sa beauté *n'empeschât la pensée des escoutants.* »

Chez nous, le XVIIe siècle nous offre Marie de Mortemart, abbesse de Fontevrault qui étudiait les Pères dans le texte et traduisait Platon ; Mlle de Lafayette, Mlle de Scudéry, Mme de Sévigné qui comprenait Tacite, et Mme Dacier, le plus grand savant de son siècle.

De nos jours, l'Espagne montre, avec un légitime orgueil, Mmes Caterina Bohl et Pardo Basan ; — l'Italie : Vittoria Colonna, Gaetana d'Agnesi, Caterina Franceschi, Ferrucci, Mathilde Serrao ; — l'Allemagne : Elise Kulmann, Bettina d'Arnim, Dorothée de Schlegel, Louise Hensel, la comtesse Ida Hahn-Hahn, la princesse Thérèse de Bavière, géographe distinguée, membre d'honneur de l'Académie de Munich, la première femme à laquelle cet honneur ait été accordé ; — l'Angleterre : Lady Fullerton, George Elliot. M. Melchior de Vogüé place même cette dernière au-dessus des grands romanciers russes.

Tous ces noms, si grands soient-ils, ne le sont pas davantage que celui de Mme de Staël qui naturalisa chez nous la littérature allemande, ou de George Sand qui mit au service de causes suspectes tant de poésie et d'éloquence. Les lettrés de la première moitié du siècle admirèrent beaucoup le talent si aimable de Mme de Girardin, et on sait avec quelle éloquence puissante et lugubre déraisonnait naguère Mme Ackermann. Les sciences même ont été représentées chez nous par des femmes célèbres : Charles-Robert Darwin ayant publié, en 1859, son livre : *De l'origine des espèces par voie de sélection naturelle*, trois ans après une femme, Mlle Clémence Royer présentait l'ouvrage au public français (1862) dans une remarquable traduction.

Voilà certes une imposante théorie de gloires féminines, une procession d'arguments vivants et irréfutables ! L'Arioste a donc le droit de conclure :

> Le donne son venute in eccelenza
> Di ciascune arte, ove hanno posto cura

Si leur valeur intellectuelle a été contestée, à qui la faute ?

L'Arioste répond :

> L'Invidia o il non saper degli scrittori.

Sans doute, comme le dit M. de Maistre quand il joue l'Antiféminisme : « Les femmes n'ont fait aucun chef-d'œuvre dans aucun genre. Elles n'ont fait ni l'*Iliade*, ni l'*Enéide*, ni la *Jérusalem délivrée*, ni *Phèdre*, ni *Athalie*, ni *Rodogune*, ni le *Misanthrope*, ni *Tartufe*, ni le *Joueur*, ni le *Panthéon*, ni l'*Eglise de Saint-Pierre*, ni la *Vénus de Médicis*, ni l'*Apollon du Belvédère*, ni le *Persée*, ni le *Livre des Principes*, ni le *Discours sur l'histoire universelle*, ni *Télémaque*. Elles n'ont inventé ni l'algèbre, ni les télescopes, ni les lunettes achromatiques, ni la pompe à feu, ni le métier à bas. »

Mais c'est que (l'Arioste l'avait déjà dit, et Mgr Spalding le répète) le despotisme masculin les retenant sous le joug les avait empêchées de donner leur mesure ; la crainte du ridicule ou du knout a condamné au silence et à l'inaction bien des énergies féminines qui ne demandaient qu'à se produire.

Aussi quand La Bruyère les apostrophe, quand il s'écrie : « Pourquoi s'en prendre aux hommes de ce que les femmes ne sont pas savantes? Par quelles lois, par quels édits, par quels rescrits ceux-ci leur ont-ils défendu d'ouvrir les yeux et de lire, de retenir ce qu'elles ont lu et d'en rendre compte ou dans leur conversation ou par leurs ouvrages? Ne se sont-elles pas au contraire établies elles-mêmes dans cet usage de ne rien savoir, ou par la faiblesse de leur com- plexion, ou par la paresse de leur esprit, ou par le soin de leur beauté, ou par une certaine légèreté qui les empêche de suivre une large étude, ou par le talent et le génie qu'elles ont seulement pour les ouvrages de la main, ou par les distractions que donnent les détails d'un domes- tique, ou par un éloignement naturel des choses pénibles et sérieuses, ou par une curiosité toute différente de celle qui contente l'esprit, ou par un tout autre goût que celui d'exercer leur mémoire... » (1) Quand, dis-je, La Bruyère reproche aux femmes « de s'en *prendre aux hommes* de leur ignorance, elles peuvent lui répondre que lui-même expose et vulgarise les préjugés dont elles sont victimes; qu'il fait dans ce passage la réponse à la question qu'il pose; que, si les femmes ont perdu la confiance en elles- mêmes, La Bruyère est complice de leur scepticisme. Car enfin si leur *complexion*, leur *paresse*, leur *légèreté* sont telles, pourquoi étudier? quels succès peuvent-elles se promettre de leurs études? Le terrible moraliste semble même plus loin les détourner du travail quand il écrit : « On regarde une femme savante comme on fait une belle arme : elle est ciselée artistement, d'une polissure admirable et d'un travail fort recherché : c'est une pièce de cabinet que l'on montre aux curieux, qui n'est pas d'usage, qui ne sert ni à la guerre ni à la chasse, non plus qu'un cheval de manège quoique le mieux instruit du monde. » (2).

(1) LA BRUYÈRE, *Caractères*, chapitre III.
(2) *Id.*

Comment nier l'influence d'une pareille attitude sur
l'éducation féminine ! Et cependant La Bruyère est plutôt
féministe (1), comme l'étaient alors Fénelon, Fleury (2) et
Mme de Maintenon elle-même, qui organisait si bien l'enseignement de Saint-Cyr que Mgr Dupanloup a pu écrire :
« Les élèves de Saint-Cyr furent de vraies constellations au
milieu de cette boue de la Régence. Leur instruction.....
était fort solide. » (3)

Vous voyez bien, Mesdames, que tout le monde ne raisonne pas comme Nietsche et Schopenhauer. « Les femmes
sont capables de faire tout ce que font les hommes », pense
Voltaire.

Le professeur Pierstorff affirme (*Frauenarbeit und
Frauenfrage*) que, aux Etats-Unis, la femme est plus instruite que l'homme.

Et Mgr Spalding écrit : « Elles ont autant de succès
que les hommes dans leurs études » (4).

Que la ressemblance ne soit pas l'égalité absolue, que
Dieu qui aime la variété, et qui, dans l'immensité des êtres,
dans la chaîne qui va de l'atome à l'infini en traversant les
trois règnes et les deux mondes naturel et surnaturel pour
revenir à Lui par une courbe gigantesque et harmonieuse,
que Dieu, dis-je, ait établi une différence entre l'intelligence féminine et l'intelligence masculine, peut-être; que
votre principale mission n'étant pas une mission exté-
rieure, le Créateur vous ait moins armées que nous pour
une bataille que vous ne devez pas livrer, c'est possible ;

(1) Nous lisons dans ce même chapitre III la pensée suivante d'un
féminisme délicat :
« Si la science et la sagesse se trouvent unies en un même sujet, je
ne m'informe plus du sexe : j'admire. »
Et on connaît le *fragment* du chapitre XII écrit sans doute par
La Bruyère à l'intention de Mme Dacier.
(2) Il se scandalisait de l'ignorance où l'on entretenait la femme
« Comme si, disait-il, leurs âmes étaient d'une autre espèce que
celle des hommes. »
(3) *De la haute éducation intellectuelle,* III, quelques conseils aux
femmes chrétiennes, p. 567.
(4) *L'Education supérieure de la femme,* par Mgr SPALDING, trad.
Klein, p. 22.

mais décréter la femme d'incapacité intellectuelle au nom
de la Genèse ou de la scolastique, ou de l'histoire, c'est
fausser l'histoire et la scolastique, c'est faire mentir l'Esprit
Saint ; mais la réduire à la sensibilité, à l'imagination ; la
couronner de fleurs, et la conduire, parée et ornée, comme
Platon faisait les poètes, à la porte de la République des
lettres, c'est un abus de pouvoir, c'est le plus odieux, le
plus injustifié des ostracismes.

C'est affaire aux psychologues de savoir si l'intelligence
féminine, de même nature que celle de l'homme, est de
même valeur ; si elle se comporte comme la nôtre dans la
recherche de la vérité, si elle ne procéderait pas plutôt par
une sorte d'intuition (1), s'il ne conviendrait pas de recon-
naître que la femme va plus vite mais moins loin que
l'homme ; qu'elle comprend plutôt et moins que nous. Il
suffit à notre démonstration de savoir qu'elle a une intelligence capable de toutes les opérations que la nôtre accom-
plit pour tracer à la femme son *devoir intellectuel.*

Car si la femme a une intelligence, elle doit la cultiver...
Il y a pour elle un *devoir intellectuel.*

En accomplissant ce *devoir*, elle réalisera sa mission, *mission individuelle* et *mission sociale.*

II

Mission individuelle, ai-je dit :

Mission de développement intellectuel. — La femme se
doit à elle-même de ne pas plus laisser son intelligence
que ses champs en friche... de se développer d'un développement universel et continu, qui l'amène du bien vers le
mieux. Il faut que la poussée intérieure s'empare de sa
nature tout entière et la conduise, par un effort qui ne s'ar-

(1) Voir le « Rapport de M. Legouvé », largement cité dans *Le
féminisme de tous les temps,* de M. MARYAN et G. BÉAL, et *La psychologie de la femme,* de M. MARION.

rête jamais, à la perfection relative qui est sa destinée et son devoir; il faut que la femme atteigne l'intégrité harmonieuse de son être.

Croître dans un sens, exclusivement, dans une seule faculté de son cœur ou de son esprit, c'est sortir de la loi, c'est devenir un monstre! Ah! que de monstres dans l'ordre intellectuel et, j'ajouterai, dans l'ordre physique, si la justice de la Providence nous infligeait le visage que nous méritons, et si notre figure ressemblait à notre âme!!

Il faut donc se développer!! Dieu nous reprochera plus tard certaines paresses qui constituent un vrai suicide intellectuel (*non pavisti, occidisti*). C'est bien plus qu'un suicide, c'est un vrai sacrilège. Laisser votre âme en friche, stérile; l'abandonner à l'ignorance, permettre que l'erreur, les préjugés, toute cette végétation parasitaire, envahissent le champ qui vous avait été confié, c'est mépriser le don de Dieu, c'est mépriser Dieu lui-même dans votre personne qui est son œuvre!!

Mission d'affranchissement intellectuel. — J'ai cru comprendre, Mesdames, que votre obéissance allait parfois jusqu'à la passivité intellectuelle.

Trop souvent la femme accepte les idées toutes faites ; elle ne pense pas par elle-même ; elle pense par ses livres, par son mari, par ses enfants; elle pense par ceux pour lesquels elle vit, par ceux qu'elle aime... Elle pense par procuration... Elle reçoit la nourriture intellectuelle comme elle donne la nourriture matérielle. Elle naît, en un mot, et vit, serve et sujette dans sa pensée. Eh! bien, l'étude l'affranchit. Madame a donc ôté ses gants, elle a saisi ce gros livre que manient d'une main légère et souveraine son mari, son fils, son frère... elle est émue, elle craint de ne pas comprendre... elle lit une première page, oh! bonheur, elle a compris! Mais ce n'est que la première page! Elle lit la seconde, elle comprend encore. Alors l'âme de l'écrivain et la sienne lui apparaissent tout à coup. Je m'explique, non seulement elle découvre le sens de l'auteur, mais elle se découvre elle-même : elle prend conscience de sa valeur

intellectuelle; elle peut raisonner, donc elle doit raisonner;
on l'avait réduite, elle s'était réduite à l'imagination et à
la sensibilité; on l'avait enfermée dans ses sens et ses
nerfs; elle sort de sa prison; la bastille psychologique où
elle étouffait s'écroule; elle a conquis son autonomie intellectuelle, et désormais elle croit à ce qu'on lui dit, non
point parce que l'homme (mari, frère) le lui a dit, mais
parce qu'il a raison! L'étude l'a affranchie.

Mission d'élévation. — Mesdames, les Grecs étaient des
gens « qui faisaient sérieusement les choses légères et légèrement les choses sérieuses ». Or, nous serions, paraît-il
(c'est M. Chassang qui l'enseigne), « des Grecs qui parlons
latin »; mais si nous sommes des Grecs, ne seriez-vous
pas d s Grecques faisant sérieusement les choses légères,
et légèrement les choses sérieuses? Un orateur catholique
très bienveillant pour vous, Mgr Landriot, vous conseille
d'élargir « cette personnalité qui s'enveloppe au milieu de
pensées infiniment petites », et il ajoute : « L'âme s'agrandit
au contact des idées » (1). Et vraiment oui, l'étude donne à
chaque chose son importance. Ce que Bossuet appelle
l' « enchantement de la bagatelle » cède à l'enchantement
du Vrai, du Bien, du Beau. Songez donc : vous venez
d'assister à la représentation d'*Esther* ou d'*Athalie*, à
l'*Oraison funèbre de la reine d'Angleterre*, ou encore vous
venez de contempler avec Bossuet la marche des événe-
ments conduits par Dieu sur ce grand chemin de l'histoire
et s'avançant tous, hommes et nations, d'un même pas
vers le même but : le triomphe de l'Eglise... Et soudain
une compagne vous aborde avec les futilités banales de
la coquetterie, de l'intérêt... Comme tout cela est mes-
quin, chétif! Comme la bagatelle devient une bagatelle,
et comme vous prenez en pitié la « petite personnalité » où
Mgr Landriot enferme la femme mondaine, cette « petite

___

(1) On a écrit spirituellement : « *Il n'y a tel défaut qui n'ait au
moins cet avantage d'en éliminer un autre. C'est ainsi que le féminisme pourra faire disparaître, par voie de remplacement, le chiffo-
nisme qui sévit encore* » (Edmond THIAUDIÈRE, *L'obsession du divin*,
notes d'un pessimiste, Fischbacher, 1898, p. 237).

personnalité », enchaînée à la bagatelle par un fil de soie ou d'or, par un fil, mais un fil qui résiste à la main, au feu même. Ah ! que sert à un aigle d'avoir des ailes s'il est retenu par la patte ? *Alæ quid prosunt capto pede ?* Eh ! bien, l'étude coupe le fil, et l'oiseau part : l'aigle s'empare du ciel, le ballon de l'espace : votre liberté, votre gravité, reconquises, affranchies par l'étude, s'élancent dans le vaste champ du sacrifice. Qui dira les bienfaits de l'étude émancipatrice de l'âme féminine !

Mission de dilatation. — Ah ! Mesdames, que votre cœur est grand ; non, je me trompe, que vous êtes grandes par le cœur ! Je ne l'ai pas oublié, rien ne vous coûte moins que de vous dévouer, de vous dévouer jusqu'à la mort. Vous accomplissez avec une simplicité souriante les sacrifices les plus sublimes. Nous sommes héroïques, nous, quand nous le sommes, un instant, une heure ; vous l'êtes toujours, vous pratiquez l'héroïsme chronique. Votre puissance de vous donner est presque sans limites ; si l'infini pouvait se rencontrer quelque part ici-bas, nous le trouverions dans le cœur de nos mères ! Mesdames, encore une fois que vous êtes grandes par le cœur ! Mais je me garderais bien de dire que votre cœur est grand. Ce n'est pas une place publique, non certes, et tant mieux, ce n'est pas davantage une basilique, non, c'est une chapelle avec son saint ... avec ses deux ou trois saints.

Comme on vous accuse d'avoir un médiocre souci de la loi civile, on vous accuse aussi de tendances individualistes. On pose cette question délicate : « La femme a-t-elle le sentiment de la solidarité nationale ? Ne serait-elle pas concentrée, enfermée dans le cercle des affections domestiques ; et quand le patriotisme lui demande un sacrifice le subit-elle ou l'accepte-t-elle ? La conclusion de mon enquête, faite d'ailleurs auprès de ces Messieurs, vous serait défavorable : Sans doute, Geneviève a sauvé Paris, Jeanne Hachette, Beauvais. Plus tard, une chouanne, vêtue en homme, conduira au feu ses compatriotes fiers de marcher sous les ordres de celle qu'ils appelaient « la capitaine ». Nous savons encore qu'une autre héroïne, Françoise Desprez, combattit de 1793 à 1815 dans les armées du Roi. Elle a elle-même raconté sa vie avec une modestie... toute féminine... Nous savons que Mme de Beauglie, dont le vrai nom était Mme de Bulkelay, fit le coup de feu à côté de son mari, qui commandait la division royaliste de la Roche-sur-Yon... Et qui ne se souvient de Mlle Dodu, directrice des Postes, décorée pour sa belle conduite en 1870? Enfin, de peur qu'on ne m'accuse d'exagération calomnieuse, je reconnais que les femmes d'officiers prennent toutes une âme militaire à l'école de leurs maris, et, qu'à la frontière menacée, les femmes, toutes les femmes, même les vôtres, Messieurs les Intellectuels, ne sont pas moins françaises que les hommes. Toutes ces réserves faites, je reviens à ma proposition, aux tendances individualistes de la femme. Remarquez que je dis tendances et rien de plus ; on prétend même que dans notre cher midi ces tendances seraient plus accusées. Eh! bien, s'il est vrai que la femme, fille, sœur, mère, épouse, absorbe la française; qu'héroïnes au foyer vous seriez, non pas égoïstes, mais individualistes en dehors du foyer; que vous comprenez moins bien que nous la solidarité nationale, je vous dirai : Allez à l'école de l'histoire apprendre comment il faut aimer son pays; fréquentez toutes les grandes âmes patriotiques qui remplissent, que dis-je, qui ont fait l'histoire, repassez la vie de Jeanne d'Arc, battez les Anglais à Patay, Beaugency, délivrez Orléans, faites sacrer le roi à Reims, *boutez* l'envahisseur hors de France et vous rentrerez dans votre foyer un peu moins individualistes, et vous sentirez, vous savourerez ce bel alexandrin de Bornier :

Tout homme a deux pays le sien et puis la France.

Mission de protection. — L'oisiveté qui est un péril pour la vertu de l'homme est un danger pour celle de la femme! Pauvre femme que celle qui n'est occupée qu'à ne pas s'occuper; qui ayant fait, défait et refait sa toilette, épuisé toutes ses visites, promené de salon en salon son oisiveté, ses ambitions, ses dépits, ses médisances, rentre chez elle, seule. Son mari est au palais, au champ de manœuvres, à ses propriétés ; son fils au collège, sa fille au couvent. On a 30, 35, 40 ans (ce détail, paraît-il, n'est pas indifférent), que faire ? Le Dauphin, fils de Louis XIV, élève de Bossuet, avait imaginé de s'étendre sur son lit, et de frapper de sa canne son soulier. C'est une solution ! Mais combien de temps peut-on prolonger cet exercice ? Que faire ? Pour un démon qui tente l'homme oisif il y en a cent qui tentent l'homme occupé. Vous savez bien que le terme *homo* s'entend également de l'homme et de la femme... Prenez garde les cent démons, la compagnie démoniaque, capitaine en tête, est à votre porte. Echappez-lui en vous réfugiant dàns votre bibliothèque, demandez aux morts de vous sauver des vivants. Sauvez-vous de la tentation par le travail. Les femmes du xviiie siècle ne furent si corrompues, si enthousiastes de ce que l'on appelait alors l'*homme à la mode*, que parce qu'elles furent ignorantes. Il est vrai que Mme de Tencin et Mme du Deffand n'eurent pas besoin de passer par l'ignorance pour arriver au vice.

Ecoutez Mgr Dupanloup, celui qui appelait les mères chrétiennes « une de ses plus grandes puissances pour le bien », écoutez-le :

« Il faut l'avouer — c'est ce que disait Mme Swetchine, et combien d'expériences sont venues fortifier ma conviction à cet égard, il y a des heures où la piété elle-même, la piété ordinaire du moins, ne suffit pas. Il y faut joindre le travail le plus grave de l'esprit..., la grande et forte application de l'intelligence, un travail sérieux, littéraire, historique, philosophique même et surtout religieux. » C'est qu'il y a dans l'âme de la femme des énergies effrayantes. Rappelez-vous Athalie, Cléopâtre, Frédégonde, Catherine II, les femmes mangeant le cœur de la princesse de Lamballe, les tricoteuses de la guillotine. Vous souriez, je le vois, de la délicatesse exquise et inattendue de cette comparaison.

Je vous prie de me la pardonner, et toutefois n'allez pas

croire que l'on ne trouve que sur le trône ou au pied des
échafauds ces agréables créatures. Le foyer a trop souvent
ses Cléopâtres et ses Tricoteuses. Peut-être se trouve-t-il
dans cet auditoire, à côté de quelque sainte qui montera
un jour sur les autels, quelque Cléopâtre, quelque Agrip-
pine, quelque Montespan, quelque altière et infidèle Vas-
thi qui s'ignore. Insensées celles qui ne comprendraient pas
combien il importe de ne pas laisser se déchaîner certaines
énergies, certains ouragans intérieurs, et de placer sous la
protection de l'étude, une âme que menacent de pareils
orages !

Mission d'apaisement, de conciliation et de réconciliation.
— Il paraît qu'il y a, même en mariage, à supporter quelque
chose, et que ce quelque chose n'est pas peu de chose; et
qu'à certaines heures on surprend sur des lèvres bou-
deuses cette parole menaçante : « Ah ! si c'était à recommencer ! » Si, dans ces crises douloureuses, où le mariage
ne répond que trop à son nom *conjugium*, on est seul; si on
laisse s'aigrir, s'exalter certaines dispositions, si surtout on
s'épanche au dehors, l'on peut être perdu ! On cherche des
confidents, des confidentes et on trouve des complices!!
Mais non, la femme studieuse revient à ses morts. Elle
s'entretient avec Eschyle, Sophocle, Virgile, Horace, Corneille, Racine, Shakespeare, Schiller, Gœthe. Elle écoute,
elle admire ! De ces pages bienfaisantes montent des par-
fums endormeurs ! Après ce bain calmant, elle est guérie...
Monsieur rentre et reçoit avec reconnaissance l'accueil
qu'il ne méritait pas... Racine et Corneille, Shakespeare et
Schiller l'avaient précédé ! Mais si Racine et Corneille
n'étaient pas arrivés les premiers?...

C'est bien plus. Avec Mgr Spalding, j'oserai presque vous
dire, Mesdames, étudiez par coquetterie.

Evidemment, s'il y a quelque chose de plus ridicule que
Garo faisant la leçon à son curé, c'est un ecclésiastique,
un évêque, donnant des leçons de coquetterie à ses diocé-
saines ! Et cependant Mgr Spalding a-t-il tort ? Quand la
femme étudie, l'étude la transfigure. Je ne sais quoi de
digne, de noble, se répand dans son âme et transpire au

dehors dans l'attitude, le geste, la parole, l'enveloppant
d'une sorte de nimbe majestueux : elle descend le rayon
au front du Sinaï scientifique. Evidemment, l'étude ne
redressera point les caprices des lignes, ne corrigera point
l'œuvre de la nature, mais elle donne une physionomie.
Belle comme un ange, sotte comme un panier, disait Mme de
Sévigné, en parlant de Mlle de Fontanges... Croyez que
l'*ange* aurait été plus angélique encore s'il avait eu plus
d'esprit qu'un *panier*. A ces Anges, je donnerai un conseil,
je leur dirai : Le jour viendra où le temps accomplira son
œuvre : ce vêtement de splendeur, ce rayonnement de la
jeunesse s'éteindra... Alors, heureuses celles qui se feront
pardonner cette déchéance par leur supériorité intellectuelle. Quand Mme Récamier cessa d'être jeune et belle,
on s'aperçut qu'elle avait de l'esprit; elle continua donc à
régner, elle ne fit que changer de couronne. Que de fois en
constatant le contraire, on s'aperçoit que tout est parti avec
la jeunesse. Heureuses celles qui savent

> ... réparer des ans l'irréparable outrage,

qui se dressent sages, judicieuses, instruites au milieu de
leur jeunesse en ruines; on s'incline avec respect devant
elles, on les écoute, et elles se consolent de ne plus être
courtisées en se faisant estimer.

Etudiez donc. J'ajoute que l'étude est pour vous, plus
encore que pour vos aïeules, une nécessité. Alors, il suffisait de *s'être donné la peine de naître;* je ne critique pas,
je constate, je ne fais pas de satire sociale, et je condamne
même celle de Beaumarchais, je me place seulement devant
la société moderne. L'homme vaut aujourd'hui par son
mérite personnel : les aïeux compromettent, plutôt qu'ils
ne servent, ceux qui ne leur ressemblent pas. Cette obser-
vation, qui s'applique surtout aux hommes, ne laisse pas
d'intéresser les femmes. Au lieu de dédaigner, de taquiner
la démocratie et son esprit égalitaire, il vaudrait mieux
compter avec elle, et lui apprendre le respect à force de le
mériter.

Oui, mes chères Sœurs et Contemporaines, pratiquez votre *devoir intellectuel,* car la femme a, non moins que l'homme, un *devoir intellectuel.* En l'accomplissant, vous remplirez votre *mission individuelle :* mission de *développement intellectuel,* d'*affranchissement intellectuel,* d'*élévation,* de *dilatation,* de *protection,* d'*apaisement,* de *conciliation* et de *réconciliation,* et de *coquetterie* bien entendue.

L'étude ne vous est pas moins nécessaire pour l'accomplissement de votre *mission sociale.* C'est un second discours qui commence, discours, ou plutôt sujet plus intéressant encore que celui que je viens de traiter, mais, rassurez-vous, ce sont vos sœurs albigeoises que j'entretiendrai du *devoir intellectuel* de la femme, dans ses rapports avec sa *mission sociale.* Puissent-elles me prêter une attention aussi bienveillante, aussi courageuse que celle dont je vous remercie en finissant.

———————————

DEUXIÈME CONFÉRENCE [1]

Mesdames,

Je ne vous apprends rien en vous disant que vous avez une âme et que cette âme est intelligente. J'ai essayé de tirer devant un autre auditoire les conséquences pratiques de ces deux vérités. La femme a une mission individuelle, elle se doit à elle-même de développer son intelligence, de *protéger*, de *calmer*, d'*élever*, d'*élargir* son âme. Comment accomplira-t-elle cette mission individuelle ? Par l'étude.

Mais l'étude ne lui est pas moins nécessaire pour l'accomplissement de sa mission sociale d'*Epouse*, de *Mère*, de *Française* et de *Chrétienne*.

Epouse, elle a une mission plus étendue que ne le supposent ceux ou celles qui la réduisent à ses devoirs de ménagère. Oui, certes, la femme doit s'occuper de la vie matérielle de son époux. S'il est le roi du foyer, elle est la « maîtresse de maison », le ministre de l'intérieur de ce royaume intime, où elle doit régner et gouverner à la fois, faisant sentir son autorité, sa main délicate et souveraine de la capitale aux frontières, du salon à l'antichambre, de la cave aux grenier, du cabinet de travail à l'office : qu'aucun détail n'échappe à sa vigilance toujours en éveil. Bossuet compare l'action du souverain à l'action divine. Elle

(1) Donnée à l'école Sainte-Marie d'Albi, le jeudi 21 février 1901.

est immense, pense-t-il, et s'affirme sur tous les points du territoire.

L'action de la femme épouse, de la reine domestique aura pareillement son immensité. L'homme vivra de cette activité qui ne laisse en souffrance aucun des droits, des besoins de sa vie matérielle. Il le faut d'autant plus que l'homme est distrait des soucis de son *domestique*, comme on disait au XVII* siècle, par ses devoirs professionnels. Il se concentre, il se renferme dans sa fonction comme dans une citadelle, et il vit là, absorbé par son labeur intellectuel, labeur agricole, labeur commercial, labeur militaire, labeur juridique, labeur pédagogique, assiégé par les occupations et les préoccupations que la Providence lui impose, occupations et préoccupations qui lui assurent une rémunération légitime et bienfaisante. La femme reçoit la rémunération si péniblement gagnée et la convertit en pain, en vêtements, elle la rend ainsi transformée à celui dont elle l'a reçue; pour reprendre ma métaphore, elle fait parvenir à l'assiégé dans la place, les vivres et les munitions, et même, s'il est blessé (car je ne vous apprends pas que la vie n'est qu'une bataille), les remèdes. Parlons sans images, la femme doit nourrir, vêtir, soigner son mari! Malheur aux ménages sans ménagère, malheur à la paresse qui abandonne tout a des subalternes; que de fois les victimes du foyer sont coupables de certaines désertions qui les désespèrent, et ont travaillé elles-mêmes de leurs mains indolentes à leur propre malheur.

Mais croit-on que les fonctions de l'épouse soient purement matérielles; que l'office, le vestiaire et l'infirmerie soient les seuls théâtres où se doive exercer son autorité? Qui oserait penser que tout est fini pour elle quand la table est mise, le feu allumé, la lingerie irréprochable, sans un trou ni une tache; quand il ne manque pas un bouton de guêtre dans l'arsenal domestique; quand il n'y a plus ni un coup d'aiguille, ni un coup de balai, ni un coup de cloche à donner; quand personne dans la maison n'a plus ni faim, ni soif, ni froid.

Non, tout n'est pas fini quand la crèche est chaude et

pleine, car si l'animal humain est satisfait l'homme ne l'est
pas encore, non, la ménagère n'est que la moitié, la moitié
inférieure de l'épouse, je dirai même : Quand la ménagère
a fini, l'épouse commence, l'épouse qui *soutient*, qui *console*,
qui *comprend*, qui *inspire* son mari, qui parfois même colla-
bore à son œuvre, qui le récompense !! La femme, écrit
Guy de Maupassant « met de la poésie dans la vie. De par
la puissance de sa grâce, un rayon de ses yeux, le
charme de son sourire, elle domine l'homme qui domine
le monde. » Le terrible pessimiste est sévère, même quand
il essaie d'être bienveillant, et sa conception du rôle de la
femme est vague et incomplète. La femme est bien mieux,
que la dominatrice qui règne par le sourire elle est une
âme régnant sur une âme par ses qualités supérieures.

Reprenons l'énumération qui précède.

La femme *soutient* son mari. L'homme hésite, la tempête
humaine est passée sur sa volonté, sur sa raison, il rentre
au foyer, chancelant ; l'honneur est ébranlé, la foi est
ébranlée. Magistrat, soldat fera-t-il son devoir ? Oui, s'il
trouve au foyer une vraie femme.

Je lis dans la proclamation du président Steijn, du mois
de janvier dernier, ces mots d'une simplicité saisissante :
« Nos femmes ont brillamment subi l'épreuve de feu du
patriotisme ; elles continuent à prêcher à leurs maris et à
leurs fils la nécessité absolue de mettre tout en jeu pour
sauver le pays. » Il est vrai qu'à cette même date une
autre femme envoyait des billes de chocolat à ceux qui
égorgeaient les époux de ces intrépides héroïnes.

Je conviens que le devoir militaire n'est pas celui que la
femme prêche le plus volontiers, mais que de fois un homme
de bien hésitant devant le devoir civil a été raffermi par une
compagne qui n'hésitait pas. Voulez-vous un autre
exemple ? Le président Bonjean, prisonnier de la Commune, espérait avoir quelques heures de liberté pour aller
voir sa famille ; il donnerait sa parole qu'il reviendrait se
constituer prisonnier. La pensée de traiter les fauves en
fauves, et de se croire détaché de tout lien d'honneur avec
des bandits, qui, violant tous les droits, ne sauraient ré-

clamer l'accomplissement d'aucun devoir, cette pensée,
dis-je, traversa-t-elle son esprit ? Quoi qu'il en soit, il
reçut de Mme Bonjean la lettre suivante :

Orgeville, ce samedi matin 6 mai 1871.

« Ce que tu me dis des nouvelles rigueurs introduites
dans la situation des prisonniers, dont tu fais partie, me
donne la crainte que l'espoir qu'on t'avait donné d'une
liberté de quelques heures, sur parole, pour venir nous
voir ici, ne doive pas se réaliser. Et pourtant, je partage
à un tel degré l'appréhension que quelque accident, indé-
pendant de ta volonté, eût pu entraîner pour toi quelque
infraction involontaire à ta promesse, que c'est à peine si
j'ose souhaiter que tu coures une si terrible chance... Hier
encore, quelqu'un osait me dire : « J'espère bien que si
votre mari peut venir jusqu'ici, vous ne le laisserez pas
repartir. J'en suis demeurée pétrifiée de surprise. Eh
quoi donc ? On m'approuverait de t'aimer d'une tendresse
assez lâche pour te demander le sacrifice de ton honneur à ta
sécurité, pour vouloir donner le droit de te mépriser à
ceux qui auraient eu foi en ta parole. Oh ! mon Dieu,
comment se peut-il qu'il existe des êtres chez qui le sentiment de l'honneur et du devoir soit à ce point obli-
téré !! »

- Applaudissez la vaillante femme qui comprenait si bien
le devoir de soutenir son mari ! Applaudissez.

La femme *soutient* les chrétiens non moins que l'homme.
Dieu l'a créée, chante le poète de la divine comédie, pour
aider notre foi :

Onde la fede nostra è aiutata;
Però fu tal d'all' Eterno ordinata.

Conventry Patmore, le grand poète anglais, nous apprend
dans ses lettres « quels bienfaits spirituels » il reçut de la
digne compagne de sa vie. Si M. de Barante finit par
renoncer au jansénisme c'est, M. Léon Séché nous l'apprend dans ses « *Derniers jansénistes* », c'est sur les conseils de sa femme, qui rompit l'amarre et conduisit l'heureux passager jusqu'au pur catholicisme. Votre mémoire,

j'en suis sûr, Mesdames, enrichirait de bien des détails
cette rapide histoire de l'apostolat domestique de la femme.
Vous ne l'ignorez pas, au surplus, cet apostolat est un
devoir que Tertullien, saint Chrysostôme, saint Augustin
et saint Asterius, pour ne citer que les anciens, ensei-
gnaient aux chrétiennes de leur temps (1).

Hélas ! la tempête humaine passe sur la volonté, elle
passe aussi sur le cœur qu'elle dévaste. L'homme combat,
il donne des coups et il en reçoit, il blesse, il est blessé ;
l'homme souffre d'ailleurs, même sans combattre, dans sa
chair : c'est la maladie; dans son cœur : ce sont les deuils;
dans ses espérances : ce sont les échecs, les injustices, les
déceptions...

La femme, la vraie épouse semblable au lierre, s'attache
aux ruines. Mais tandis que le lierre achève l'œuvre du
temps, pompe la sève, vit aux dépens de l'arbre qu'il
enlace, l'épouse *console*, ouvre sa belle compassion souriante et pleurante à l'époux, à la victime des hommes et
des choses. Debout sur le calvaire domestique, comme
Marie sur le sien, elle dit à la victime chassée et meurtrie
par l'injustice : « Entre dans mon âme, là, du moins, tu
seras en sécurité. » Ah! qu'il est beau ce rôle d'infirmière
d'une âme malade ! Je vous demande pardon de parler si
mal de ce que vous faites si bien !

Vous devez à votre époux plus encore que de le *consoler* :
vous lui devez de le *comprendre*, devoir urgent et trop souvent méconnu.

Le *comprendre*, comprendre ce qu'il fait, ce qu'il écrit ;
le suivre d'une oreille attentive dans ses entretiens politiques, littéraires, juridiques, économiques ; ne pas couper
d'une parenthèse frivole ses confidences graves, s'intéresser
à ses épanchements austères, même quand il vous dépassent un peu... Oui, oui, c'est le devoir... c'est aussi la
sagesse. Comment voulez-vous retenir un homme au foyer

---

(1) TERTULL., *Ad uxor.*, II, 7. — CHRYSOST., *Homil.*, LXI, in
Joann. — AUGUST., *De Conjug.*, I, 17. — ASTER., AMAS., *An liceat
dimittere uxorem.*

s'il ne peut converser avec sa compagne de rien de ce qu'il aime ? Prenez garde, prenez garde. Si avocat, il ne peut raconter ses triomphes oratoires ; médecin, ses cures savantes ; homme politique, ses majorités éloquemment conquises ; soldat, ses manœuvres ; écrivain, son livre, son roman, son action, ses personnages, sans fatiguer, sans énerver son auditoire ; si sa conversation n'est qu'un long et pesant monologue, un *solo* interrompu de pauses longues et fréquentes ; il quitte ce foyer qui est pour lui une solitude.

Barbarus hic ego sum quia non intelligor ulli. Ce qui veut dire, Mesdames, *Je suis un barbare pour une femme qui ne m'entend pas*, et il s'éloigne de cette barbarie, de cette côte inhospitalière, de ce Pont-Euxin domestique où l'a jeté le hasard d'un mariage mal assorti ; où il n'est pas compris et où il ne comprend pas ; où il ne sait pas plus descendre jusqu'à sa femme que sa femme ne sait monter jusqu'à lui ; et il va demander au cercle, aux académies, aux relations scientifiques la joie de ces échanges d'idées, de ces confidences intellectuelles dont il ne veut point se passer : il quitte la patrie de son cœur pour chercher celle de son intelligence, murmurant avec une tristesse menaçante : C'est Elle qui me chasse : je vis ici, mais je pense ailleurs, je *parle* avec ma femme, je *raisonne* avec mes amis.

Est-ce même assez pour une femme de *comprendre* son mari ? Nous savons que l'*adjutorium* prend quelquefois la forme d'une inspiration proprement dite. Je vois bien que vous souriez, Mesdames, de la candeur chimérique de mes ambitions, mais votre scepticisme, qui pourrait bien être, comment dirai-je ?... de la paresse, ne me décourage pas, et je poursuis... L'activité masculine a ses défaillances, le combattant voudrait passer à l'ambulance, peut-être aux Invalides ; soudain une main frêle et vaillante l'arrête pour le ramener au champ de bataille qu'il désertait ; il reste un article à composer, un livre à écrire, un discours à prononcer, une démarche à faire ; la bataille n'est encore ni gagnée, ni perdue, il faut attendre la fin de l'action...

Et le fuyard rejoint l'armée...

Quelquefois l'*inspiration* est plus discrète. Elle s'exerce presque à votre insu : on veut mériter vos éloges et on travaille à les mériter.

Une femme, une vraie femme, une véritable épouse s'élève plus haut encore. Bientôt, en effet, l'inspiratrice change de rôle et devient collaboratrice ; on travaille devant elle, avec elle, pour elle, on lui soumet le chapitre qui s'achève, le discours que l'on va prononcer ; elle est le *judex incorruptissimus* qui assiste à la vie intellectuelle de son époux : elle donne à ce qu'elle entend la suprême élégance ; la force de l'homme est parfois brutale, la délicatesse féminine intervient, efface, adoucit, tempère.

L'auteur de *Jocelyn* avait Mme de Lamartine pour secrétaire, croyez bien que le secrétaire a dépassé plus d'une fois son rôle, et que si le grand poète n'a pas succombé plus souvent aux périls d'un semblable sujet, il en est redevable à son secrétaire. Je ne veux pas dire toutefois que *Jocelyn* soit un chef-d'œuvre innocent, mais cette œuvre dangereuse n'est pas grossière, ce qui d'ailleurs est un péril de plus.

Vous admirez la délicatesse exquise d'Octave Feuillet, n'oubliez pas que Valérie Feuillet surveille et revoit Octave Feuillet. Vous avez toutes, Mesdames, lu et admiré le grand philosophe chrétien que fut Ollé-Laprune, eh bien ! écoutez :

On lit dans ses notes intimes :

« Que je vous bénis, ô mon Dieu, de m'avoir réservé celle qui est devenue ma femme ! Je ne la connaissais pas en 1869. Mais je puis bien dire que c'est à elle que mes pensées allaient, car c'est elle qui a réalisé ce que je voulais ».

« Il semblait, en effet, ajoute M. Goyau (1), que le Dieu qu'il remerciait en ces termes eût ratifié son dessein d'apostolat laïque, en lui faisant rencontrer dans l'Université même, au foyer de M. Saint-René Taillandier une compagne qui fut un auxiliaire. M. Ollé-Laprune trouva dans

(1) *Correspondant*, 25 janvier 1901, page 283.

cette alliance, digne couronnement de sa jeunesse, une force
en même temps qu'un attrait — cette force qu'on acquiert à
deux lorsqu'on a « chacun deux cœurs pour aimer Dieu » (1).

Ai-je épuisé la série, la litanie glorieuse de vos devoirs?
Non, Mesdames, vous *soutenez*, vous *comprenez*, vous *ins-
pirez* votre mari, vous *collaborez* à son œuvre, j'ajoute,
vous le *récompensez*. Vous êtes le premier auditoire devant
lequel il prononce son discours, le premier lecteur qui lit
son livre, le premier confident de la bonne action. Rien
n'égale pour un homme de cœur la suavité de ces applaudissements intimes, l'ivresse de cette fête du foyer, la suavité de cette parole vibrante de fierté attendrie de l'épouse
disant à l'orateur, à l'écrivain, à l'homme d'action : Mon ami,
je suis fière de vous, je vous admire autant que je vous aime!

Quelque auditrice, quelque matrone expérimentée, plus
agacée que persuadée par mon homélie féministe me
riposte peut-être intérieurement par les vers si spirituellement bourgeois de Ducis :

> L'immortel auteur d'*Athalie*
> Et de *Phèdre* et d'*Iphigénie*,
> Le peintre enchanteur de l'amour,
> Qui, plein d'esprit, de goût, de grâce,
> Charma la plus brillante cour,
> — En sa maturité sévère
> Dans sa femme que chercha-t-il?
> Une très simple ménagère
> Qui fit avec lui sa prière
> Et répondit : Ainsi soit-il!

La matrone se trompe, et Ducis avec elle. Ne dites pas :

> Dans sa femme que *chercha-t-il?*

Dites plutôt : que *trouva-t-il?*

La « bonne femme » de Ducis n'était pas la véritable
épouse ; croyant peindre une épouse, le poète a décrit une

---

(1) Cette dernière expression est de M. Jean de la Bretonnière, le
délicat poète des « *Pures tendresses.* »

domestique. Je voudrais bien savoir ce que l'âme et le génie de Racine ont gagné dans l'intimité banale de son foyer, et comment cette vulgaire créature consola l'auteur de *Phèdre* et d'*Athalie !*

Je suis certain, Mesdames, que le rôle de la femme de Racine ne tente aucune de vous, pas même la matrone idéale à laquelle je viens de répondre, mais je crains que celui que je vous propose ne vous décourage.

Il n'est pas aisé, en effet, car, vous entendez bien que pour être capable de le remplir, il est indispensable de n'être pas ignorante. Une femme d'esprit a écrit (vous vous calomniez vous-mêmes). « Toute la science de la femme est dans son cœur ; elle comprend, elle console, elle guérit en aimant ». Madame Marie Valyère (1) est un écrivain charmant mais trop modeste. Car toute la science de la femme n'est pas dans son cœur ; elle est aussi dans son esprit cultivé par l'étude incessante et méthodique, je ne dis pas exclusive, car je n'oublie pas que si la ménagère ne doit pas être absorbante, elle ne doit pas non plus être *sacrifiée !*

Vous voulez donc que la femme ait autant d'esprit que son mari ? — Nullement, je ne vous demande que d'avoir assez d'esprit et de savoir pour comprendre l'esprit et la science de votre mari, à moins toutefois que le savant qui vous a choisie pour compagne ne représente une de ces spécialités scientifiques qu'il est permis même aux hommes cultivés d'ignorer, alors vous vous contenterez de l'admiration à distance. Mais même pour admirer ainsi, pour avoir le sentiment de la valeur de ce qu'on ignore, une certaine éducation de l'esprit, que vous demanderez à l'étude, est indispensable.

Eh bien nous essaierons d'être l'épouse dont vous esquissez le beau, le redoutable idéal.

Mesdames, est-il plus facile d'être *mère ??* Nous allons le voir. Vous que Dieu appelle à l'honneur de collaborer à son

(1) « *Nuances morales* », par Mᵐᵉ Marie VALYÈRE (sous ce pseudonyme se cache Mᵐᵉ Neveux).

œuvre créatrice vous ne pouvez sans déchoir, sans forligner vous réduire au rôle de nourricière, d'infirmière. Dieu qui ne donne pas seulement la vie matérielle, mais qui donne aussi la vie morale, la vie intellectuelle, Dieu, dont vous êtes les collaboratrices vous avertit par son exemple de l'étendue du ministère qu'il vous impose. Nourrissez donc votre enfant, ne le nourrissez pas par procuration; n'acceptez pas de *remplaçante*, gardez-vous d'inaugurer votre maternité par une défection trop souvent meurtrière pour n'être point coupable, et puis... travaillez à éveiller l'enfant dans le petit et charmant animal humain, dans l'enfant l'homme, et dans l'homme le français et le chrétien.

Quel programme et comment le réaliser?

En surveillant l'éducation de votre enfant. Je ne vous demande pas de la faire, je ne le demande même pas au père, je vous demande de la surveiller, de surveiller le précepteur et sa méthode; de suivre dans l'âme de votre fils le progrès de l'œuvre éducative, l'essor de la volonté, de l'intelligence; de contempler avec une attention toujours curieuse, je dirai même passionnée, le lever du soleil intérieur, les premiers resplendissements de la vertu et de la science dans l'âme de votre enfant.

Ah! Mesdames, vous voyagez, vous allez admirer Dieu dans ses œuvres, dans ses océans et ses montagnes. Quel spectacle qu'un lever de soleil! Autrefois la description d'un lever de soleil était obligatoire, inévitable. Quel est le rhétoricien qui ne l'a pas raconté, quel est le professeur de rhétorique qui ne l'a pas donné à raconter? Aujourd'hui que la critique littéraire a remplacé la poésie, et qu'on impose à nos jeunes gens non plus de raconter ce qu'ils ont vu mais d'apprécier ce qu'ils n'ont pas lu, on décrit moins le lever du soleil, mais on va le voir encore. On part pour le Pic du Midi ou le Righi, le Righi est plus à la mode, il est plus *high life*. Vais-je retomber dans les descriptions d'antan? Pourquoi pas. Essayons. Les premières lueurs montent à l'horizon perçant la brume, les cimes émergent le diadème au fond des ombres matinales.

... Bientôt le soleil apparaît, c'est lui, c'est lui : *Deus ecce Deus;* il apparaît jetant sur les épaules de granit des géants debout autour de lui son manteau de splendeur; le poète pleure d'admiration, mais le chrétien adore le Dieu qui fait surgir la lumière des entrailles mêmes de la nuit *qui fecit de tenebris lumen splendescere.* Les oiseaux..., la brise... non je m'arrête, peut-être en ai-je trop dit!! Mesdames, je connais un spectacle plus beau que ce lever de soleil que je n'ai osé vous décrire, c'est l'éveil d'une âme enfantine, c'est l'épiphanie radieuse d'un jeune esprit, d'un jeune cœur, d'une jeune volonté souriant aux premiers rayons du vrai, du bien, du beau, c'est l'apparition de la science, de l'histoire, de la littérature, de la philosophie dans une intelligence; c'est l'ascension progressive de cette curiosité candide et haletante vers la lumière naturelle et surnaturelle. Ah! vous ne vous contenterez pas de contempler l'irradiation intérieure vous aiderez et vous protégerez le travail de la lumière.

L'heure viendra où l'adolescent succédera à l'enfant; où la vie, la vraie vie saisira dans son tourbillon la volonté et l'intelligence de votre fils; où il entendra d'autres voix que la vôtre, que celle de ses premiers maîtres; où il rencontrera l'erreur et le vice autour de lui pendant qu'au dedans de lui-même ce que Richelieu appelle le peuple tumultueux des appétits, prêtera sa dangereuse complicité aux ennemis du dehors : alors qui fera le calme sur les flots agités? Qui prononcera la parole qui apaise, qui éclaire, qui maintient, qui ramène? Le père? Oui s'il a conscience de son devoir, mais si le père fait défaut qui le suppléera? Et alors même qu'il comprendrait son devoir qui l'aidera dans ce ministère si délicat de conservation, de sauvetage moral?

Que de fois il arrive que l'influence de la mère disparaît soudain au moment où elle serait le plus nécessaire. Le jeune homme ne cesse pas de l'aimer, il cesse de croire en elle; il accepte l'amour de sa mère il n'accepte pas son symbole. Dieu, l'âme, le devoir, tout cela c'est de la philosophie, et la philosophie n'est pas l'affaire d'une femme!

Un jour Lamartine avait prononcé un grand discours

politique, le duc de Fitz-James l'arrêta au pied de la tribune par cette exclamation : « Oh! M. de Lamartine, que votre ode sur le lac est belle! ». Quelle impertinente façon de renvoyer à la poésie le grand poète égaré dans la politique.

Un jour une mère faisait des remontrances à son fils qui ne priait plus, qui ne pratiquait plus, l'adolescent se jeta pour toute réponse dans les bras de sa mère : « Oh ma mère que vous êtes bonne! » « Oh! M. de Lamartine que votre ode sur le lac est belle! » « Oh! ma mère que vous êtes bonne! », Oh! M. de Lamartine vous ignorez la politique, oh! ma mère, vous n'êtes pas philosophe!

Cette fin de non-recevoir n'est-elle pas désolante? Que faire..! Etudier, Mesdames, pour être capables de surveiller l'éducation de votre fils, de suivre les progrès de votre fils; savoir assez d'histoire pour se rendre compte de ses connaissances historiques, assez d'arithmétique pour comprendre les leçons qu'il récite, au moins au début, assez de littérature pour s'intéresser à ses compositions, à ses études littéraires; avoir du goût afin de corriger le sien et de donner une appréciation judicieuse sur les compositions qu'il ne manquera pas de vous lire.

Etudiez, Mesdames, parce que les causeries du foyer, du salon, de la table familiale sont un grand moyen de formation intellectuelle et morale pour votre enfant. Or, la conversation domestique est ce que vous la faites. On parle dans ces agapes intimes, de ce qui vous plaît, et de ce que vous comprenez. Quand une élévation commune d'intelligence retient le père et la mère sur les mêmes hauteurs, les épanchements de l'intimité deviennent de véritables leçons, l'enfant prend à la fois sa nourriture matérielle et sa réfection intellectuelle. Votre *banquet* ressemble, sauf le choix du sujet, à celui de Platon, et l'heureux enfant est deux fois votre convive; il grandit ainsi dans une atmosphère chargée d'idées; il s'instruit sans fatigue et apprend sans peine à vous ressembler.

Je vous dirai même, Mesdames, étudiez assez de philosophie, assez de théologie, assez d'apologétique pour raîsonner avec votre fils, tout au moins pour lui donner de sa mère, de l'intelligence de sa mère une haute idée: pour l'empêcher de croire que la religion de sa mère n'est qu'une forme de la sensibilité féminine, et qu'elle croit, non certes de tout son cœur et de tout ses nerfs · mais de toute sa raison éclairée par la réflexion, l'étude et l'expérience. Les mères libre-penseuses sont parfois mieux armées pour attaquer la religion, que vous pour la défendre, supporterez-vous plus longtemps ce constraste qui vous accuse? Si Hélène exerça une telle influence sur Constantin, Monique sur saint Augustin (1), Nonne sur saint Grégoire de Nazianze, Anthuse sur saint Chrysostome, Blanche de Castille sur saint Louis, c'est parce que toutes ces chrétiennes étaient des mères conformes à l'idéal que je vous propose, idéal qui n'est point chimérique, puisqu'elles l'ont réalisé! Demandez à saint Athanase, à saint Basile, à saint Jérôme, à saint Ambroise, à saint Grégoire le Grand; demandez (car je ne voudrais pas me borner à consulter l'Hagiographie) demandez à Canova, à Cantu, à Manzoni, à Morcelli, à Parini, à Cunich, à Pie VI, à Pie VII, à Pie IX, à Léon XIII, quelle a été l'influence qui a régné sur leur âme tout entière, quelle est la grande action qui a gouverné leur vie, et ils répondront : notre mère !

Heureux l'homme à qui Dieu donne une sainte mère

surtout quand cette *sainte* est une *femme distinguée !*

(1) Sainte Monique assistait aux dialogues de saint Augustin. Un jour elle entre dans la chambre de son fils au moment où l'on discutait une grave question de philosophie ; elle demande quel est le sujet traité. Saint Augustin prie le secrétaire de relater l'incident. — Comment, dit sainte Monique, mais jamais vous n'avez vu des femmes introduites dans ces sortes de discussions. — Je méprise, dit saint Augustin le jugement des orgueilleux et des sots ; soyez sûre, ma mère, que plusieurs seront enchantés d'apprendre que vous faites de la philosophie avec moi. »

A Cassisiacum, Monique parlait si bien des choses les plus élevées, que « tous les assistants, dit saint Augustin, oubliant son sexe, croyaient entendre quelque grand homme assis au milieu d'eux. » Dans une autre circonstance, après une réflexion de Monique, saint Augustin s'écria : « Elle a touché un des sommets de la philosophie, et s'est rencontrée avec Cicéron. »

4

Une figure manque à la théorie maternelle que je viens de faire défiler devant vous. C'est la mère des Macchabées. Lisez au IIᵉ livre des Macchabées (chap. vii), le discours quelle adresse à ses enfants, quelle page de théologie éloquente ; et comme on s'explique en entendant parler une semblable femme, que ses fils l'aient suivie jusque sur les chevalets d'Antiochus. J'ai peur, Mesdames, de ne pas vous persuader assez, et je cède la parole à des maîtres dont vous ne contesterez pas l'autorité. Mais avant de les faire parler, je vous citerai Schopenhauer pour montrer à celles qui hésiteraient devant le labeur de l'étude ce que l'ignorance de certaines femmes inspire à l'*aimable* (?) moraliste.

« En tant que gardiennes de l'enfance, les femmes remplissent bien leur emploi ; puériles et niaises elles-mêmes, restant enfants toute leur vie, elles forment un degré intermédiaire entre l'enfant et l'homme, lequel, à proprement parler, est le seul type de l'humanité. » (1)

Assez d'Allemands, n'est-ce pas ! Vous insulter n'est pas un bon moyen de vous convaincre. Des maîtres plus compétents et mieux élevés préfèrent vous donner des conseils, ce qui est un hommage, car on ne conseille que ceux que l'on reconnaît capables de faire le bien.

Ecoutez Fénelon, le docteur es-science de l'éducation féminine : « Que deviendront les enfants si les mères les gâtent dès leurs premières années, et, *ignorantes elles-mêmes*, les laissent languir dans l'ignorance sans leur donner ni le goût ni l'estime de l'instruction et des choses solides (2). »

Ecoutez le plus illustre des disciples de Fénelon, Mgr Dupanloup :

« Oui, quand vous travaillez courageusement à élever votre âme *tout entière* pour être digne de *toute* votre mission maternelle, c'est alors que vous êtes vraiment dévouée à la famille dont, selon la belle parole de Fénelon, Dieu vous a faite l'âme » (3).

(1) *Parerga et Paralipomena*, II, 650.
(2) *Traité de l'Education des filles.*
(3) Mgr DUPANLOUP, *De la haute Education intellectuelle*, iii, p. 559.

Ecoutez Mgr Spalding, l'illustre évêque de Péoria, aux Etats-Unis :

« Plus une femme aura reçu une éducation forte, et mieux elle saura remplir ses devoirs d'épouse et de mère. »

Ecoutez un publiciste, M. L. Dedet, qui affirme que l'absence de la mère de tant d'éducations modernes est un fléau social, et qui ajoute :

« Son sublime rôle de mère doit et peut se poursuivre en celui plus sublime encore, peut-être, d'éducatrice. Peu de femmes sont, à notre époque, capables de s'en acquitter, faute d'y avoir été préparées » (1).

Ecoutez un moraliste judicieux et sympathique, Jean Aicard, l'auteur de *Tata* : « La femme doit savoir, mais pour l'enfant. »

Ecoutez...... mais je m'arrête, car avec cette intuition que vos psychologues vous attribuent (que nous, théologiens, nous réservons pour une autre vie), vous avez certainement compris que j'ai raison, et peut-être même me blâmez-vous dans votre for intérieur de vous enseigner si copieusement ce que vous connaissez mieux que nous, à savoir, que ces fonctions d'épouse et de mère que l'on invoque parfois pour vous dispenser de l'étude sont les raisons même qui vous l'imposent; et que vous ne pouvez fermer vos livres sans diminuer en vous l'épouse et la mère, l'autorité, l'influence si nécessaires de l'épouse et de la mère; permettez-moi d'ajouter, sans condamner la Française et la chrétienne qui est en chacune de vous, Mesdames, à l'impuissance, disons mieux, à la désertion du grand devoir de l'apostolat national et chrétien.

Ce grand mot vous fait sourire ! Que feriez-vous donc si je vous proposais l'exemple de vos sœurs d'Amérique. Aux Etats-Unis, dans le Kansas, cette année 1901, une troupe de femmes s'est insurgée contre l'alcool. Elles se sont ruées contre les magasins, défonçant les bonbonnes, cassant les bouteilles, renversant les verres quand elles ne

(1) *Soleil*, du vendredi 22 février 1901.

pouvaient les arracher aux consommateurs. L'alcool exé-
cuté roulait en libations étincelantes et parfumées dans les
rues indignées, stupéfaites. (Un pareil évènement mérite
bien une prosopopée!) On a ri d'abord, puis on s'est mis
en colère, et puis on a capitulé : on s'est résigné à ne plus
boire. Pareille croisade s'est produite en Angleterre avec
un pareil résultat. Rassurez-vous, je ne vais pas entonner
la *Marseillaise* de l'antialcoolisme, je me borne à vous ré-
péter que vous devez observer le double apostolat national
et chrétien dans des conditions moins héroïques que les
terribles justicières du Kansas.

Vous êtes *Françaises*, Mesdames, non seulement par
votre extrait de naissance, mais dans votre âme tout entière. — D'accord, mais comme Française la femme n'a
que des devoirs individuels, personnels, devoir de payer
l'impôt, par exemple. Tout au moins son patriotisme est
plutôt négatif que positif; il consiste à ne pas faire passer
la frontière à son fils la veille du tirage au sort ou d'une
mobilisation. Si vous lui demandez davantage, vous lui
demandez trop.

Certes, mon patriotisme est bien plus exigeant pour le
vôtre, mesdames. Je ne demande pas moins à la femme
qu'un triple apostolat : apostolat littéraire, apostolat politique, apostolat social.

Sauvez-nous, Mesdames, sauvez la poésie française. Le
génie national est menacé. La grossièreté nous envahit, la
préciosité reparaît, l'obscurité s'étale dans les sonnets de
nos modernes. Jamais on n'a mieux pratiqué l'art de parler
pour ne rien dire, ou pour dire des riens, ou pour dire des
sottises; jamais on n'a cultivé plus laborieusement l'obscurité qui se croit profonde et n'est que prétentieuse. Le néo-
logisme coule à pleins bords. La langue qui suffisait à
Lamartine, à Victor Hugo, à Léconte Delisle est une indi-
gente, paraît-il; nos rimeurs compatissants daignent lui
faire l'aumône, l'aumône d'un vocabulaire barbare. Non seulement Racine et Corneille, mais les grands génies de la
première moitié du siècle ne les comprendraient plus. Les
prosateurs sont moins coupables. Hélas, ils sont loin d'être

innocents. Il s'est trouvé un homme pour écrire les romans de Zola, et des lecteurs, faut-il ajouter des lectrices, pour les lire. Cet homme a fait école, le naturalisme est devenu un genre. Ah ! si l'on se contentait d'observer la nature de plus près, et de la rendre plus fidèlement, je ne me plaindrais pas, mais le naturalisme n'est qu'un idéalisme à rebours. L'idéalisme classique embellissait la nature, l'idéalisme naturaliste l'enlaidit, le premier ne voyait que le beau et embellissait le laid lui-même, le second ne voit que le laid et enlaidit même le beau, même le courage qui dispute à l'invasion chaque sillon, chaque motte du sol national.

Que faire ? Recommencer vos exploits de la première moitié du xviiᵉ siècle. Vous en souvient-il, Mesdames. Vous vous appeliez alors Catherine de Vivonne, marquise de Rambouillet, Paulet, de Sablé, de Clermont d'Entragues, de Maure, de Choisy, de Saintot, de Mosny, de Longueville, de Scudéry... Henri IV avait *engasconné* les mœurs et la langue ; nous étions, nous, les hommes, bien mal élevés ; nous avions des habitudes de langage déplorables. Votre cœur vous inspira le dessein de nous *dégasconner*. Comment faire ? Le moyen choisi fut d'appeler dans vos salons tous ces barbares, vos compatriotes, de causer devant eux, de les faire causer et de leur apprendre à parler en vous écoutant. Dans la *chambre bleue* défilèrent les Montausier, les Arnaud, les Chapelain, les Voiture, les Godeau, les Ménage, le duc d'Enghien..., et l'on vit bientôt le « grand monde purifié ». C'est Chapelain qui l'affirme, et c'est encore lui qui rend à l'hôtel de Rambouillet cet hommage : « On n'y parle pas savamment, mais on y parle raisonnablement, et il n'y a lieu au monde où il y ait plus de bon sens et moins de pédanterie. »

Eh bien ! Mesdames, tout est à refaire. Au moment où lady Shreiner, l'intrépide poète afrikander, appelle à la croisade contre l'envahisseur britannique l'Afrique menacée, organisez donc une croisade, une véritable levée d'éventails contre le mauvais goût, contre les mauvais livres qui sont si souvent de méchants livres. Excom-

muniez les écrivains coupables d'outrager où la langue ou
la religion de la France, quelquefois toutes les deux en
même temps. Infligez-leur l'excommunication majeure,
celle que le moyen âge réservait pour certains délits d'une
gravité exceptionnelle; celle qui retranchait de la société le
coupable, ordonnait de l'éviter, de purifier tout ce qu'il
avait touché.

Non, Mesdames, même gantées vos mains ne peuvent
sans péril toucher certains livres. Excommuniez l'œuvre et
l'auteur. En composant tel ouvrage l'auteur s'est suicidé ;
il est mort, enterré dans son œuvre ; laissez-le en paix dans
sa tombe déshonorée sans croix qui la protège contre
nos mépris et la justice de Dieu. Ne craignez pas de passer
pour ignorantes, pour des femmes qui ne sont pas au
courant ; parez-vous au contraire de cette fière ignorance,
et dites ouvertement que vous ne sauriez ouvrir votre
intelligence à un écrivain que vous chasseriez de votre
salon. Ah ! si la croisade de l'abstention était bien com-
prise ; s'il n'y avait pour lire certaines productions que
ceux ou celles qui sont capables de les écrire ou de les
inspirer, la pornographie ne faisant plus ses affaires irait se
désinfecter au premier bénitier venu, et viendrait, la tête
basse et contrite, égrener le Rosaire des croyances tradi-
tionnelles, et la littérature se remettrait à parler français et
chrétien.

Donc, sachez vous abstenir, mais sachez aussi aller aux
bons écrivains, à ceux qui sont fidèles à la grammaire et à
la religion du passé ; allez surtout à ceux qui reviennent à
Dieu après quelques incursions en pays étranger, dans *cette
région lointaine* dont parle l'Ecriture (*regionem longin-
quam*). Semez de fleurs et d'acclamations triomphales le
chemin par où ils rentrent dans la patrie.

Et ce n'est que votre première expédition, la croisade
continue. Vous avez sauvé la langue, mais qu'est-ce donc,
s'écrie mélancoliquement l'Œdipe de Sophocle, qu'est-ce
qu'une ville si personne ne l'habite, qu'est-ce que Bazeilles
après que Guillaume Ier et de Moltke y sont passés ? Or,
pour les arrêter à la frontière il faut une armée. Nous la

possédions, nous la possédons encore. Malheureusement elle est menacée... Par qui donc? Par ceux qu'elle protège et qui lui doivent la paix et la liberté dont ils abusent contre elle. Eh bien! Mesdames, faites-vous les protectrices de l'armée. Elle est la *grande muette ;* parlez pour elle. Soyez inflexibles pour ses ennemis. L'antimilitarisme, c'est la désertion ; et si vous entendez un jour quelqu'un de ces *jeunes* désabusés des *chimères d'antan* qui restent la tête droite et couverte devant le drapeau qui passe, prenant en pitié la naïveté qui se découvre et s'incline, dites-lui de très haut que vous ne sauriez admettre dans votre salon des hommes qui ont tant d'esprit ; que ne pouvant ni le comprendre ni vous faire comprendre de lui, vous le priez de vouloir bien mettre entre son salon et le vôtre toute la distance qui sépare vos idées de ses idées, que l'on ne se réunit pas pour se taire et que vous ne sauriez causer avec lui.

Troisième expédition : la croisade continue encore, croisade antisocialiste.

Des hommes sont venus qui enseignent que le monde étant mal fait ils vont le refaire ; ils suppriment la pauvreté, l'inégalité : plus d'ouvriers, rien que des patrons ; plus de salaires, rien que le capital ; la poule au pot non seulement le dimanche, mais chaque jour, surtout le vendredi, et plus particulièrement le vendredi saint... L'État, providence vivante, unique protecteur de la fortune publique : les moyens de production socialisés...

Assurément, le monde n'est pas parfait ; le christianisme l'a trouvé malade, portant au flanc la double plaie de l'esclavage et de la servitude féminine ; il a affranchi l'esclave et la femme. L'œuvre d'émancipation n'est point achevée, mais on la trahit au lieu de la servir en promettant aux passions une égalité chimérique. Voilà le *Credo* que le bon sens enseigne, et que votre apostolat social pourrait vulgariser.

Certes, Mesdames, si vous remplissez le triple devoir que je viens de vous exposer, vous aurez bien mérité de la patrie ; il ne vous restera plus qu'à bien mériter de l'Eglise. Prenez garde, votre dévoûment à l'Eglise sous la forme de

l'apostolat que je vous conseille n'est que de la reconnaissance. Vous n'aimez pas à être ingrates ; ne le soyez pas
envers votre libératrice. Quoi que vous fassiez vous ne vous
acquitterez jamais complètement envers elle.

La femme païenne, c'est l'épouse sans droits, la mère
sans devoirs. Cette formule excessive comme toutes les
formules, adoucissez-la si vous voulez; elle n'est que légèrement exagérée. Ce matin encore, je lisais les conditions
du mariage chez les Athéniens. Le mari voulait-il se séparer
d'une femme coupable, il n'avait qu'à lui rendre sa dot (1);
la femme voulait-elle se séparer d'un mari coupable, une
longue et laborieuse procédure était nécessaire. Epouse
non consultée, mère disqualifiée officiellement puisque la
loi lui enlevait l'éducation de son enfant auquel elle donnait
son sang sans pouvoir donner son âme, il lui était même
défendu d'avoir de l'esprit. Les femmes honnêtes étaient
sottes ; les femmes intelligentes étaient malhonnêtes.
Andromaque et Clytemnestre ne savaient rien : c'est Racine
qui leur a enseigné le grand style. Elles doivent être bien
étonnées quand le bruit des applaudissements qui les
accueillent au théâtre leur révèle combien elles sont devenues savantes depuis qu'elles sont mortes.

Le christianisme débute par une hardiesse sublime :
dans la personne de la sainte Vierge il appelle la femme à
l'honneur de collaborer au grand œuvre de la rédemption ;
il la place sur les autels ; il crée la chasteté religieuse ; il
confie à la femme le ministère de la charité et de l'enseignement. Une solidarité touchante s'établit entre les des-
tinées du christianisme et celle de la femme : partout où le
christianisme prospère la condition de la femme s'élève ;
elle s'abaisse quand la foi diminue. Le xvıᵉ siècle redevient
païen. Erasme parle de la femme avec le mépris d'un
misogyne antique. De nos jours, les grands incrédules sont
les détracteurs de la femme : Nietsche, Lombroso, Prou-
dhon et ce brutal Schopenhauer, qui ne peut pardonner au
christianisme « d'avoir retiré la femme de l'état d'abaisse-

(1) *Les Plaidoyers civils de Démosthène*, par R. DARESTE, I, p. xxv.

ment où le paganisme la maintenait ». Un instinct infail-
lible attache la femme à l'Eglise; elle sait, elle sent qu'elle
a tout à attendre de celle dont elle a tant reçu ; sa religion
n'est que l'expression de sa reconnaissance et de ses espérances.

Aussi, Mesdames, quand je vous demande d'être apôtres
je vais, je le sens bien, au devant de vos aspirations, je vous
prêche ce que vous désirez. Vous irez donc dans ces milieux
où notre ministère ne saurait pénétrer, et, où vous régnez
en souveraines. Là vous saurez vous taire à propos et infli-
ger au blasphème le châtiment d'un silence triste. Mais se
taire c'est vraiment trop peu, vous parlerez, vous traduirez
dans votre langue lumineuse élégante et spirituelle, le prône
que vous aurez entendu, la lecture que vous aurez faite.
Vous servirez ainsi de votre collaboration zélée, discrète et
infatigable la grande œuvre de l'apostolat.

Seulement, Mesdames, pour être cette française utilement
et pratiquement française, pour être cette chrétienne à l'âme
apostolique il faut... j'y reviens, il faut avoir étudié.
Comment conseillerez-vous le retour aux traditions littéraires de notre France, si vous ne les connaissez pas ?

Comment défendrez-vous l'armée si, ignorant l'histoire
vous ne pouvez raconter ou rappellez ce que la France doit
à son armée ; comment combattrez-vous le socialisme, si
la science économique vous est étrangère; connaissez au
moins les rêves que vous devez combattre. Comment enfin
défendrez-vous, prêcherez-vous la religion, si votre incom-
pétence vous condamne à n'opposer que des dénégations
indignées ou de spirituelles défaites à certaines affirmations
précises de l'incroyance. Il n'y a pas d'erreur qui soit
restée sans réponse. Seulement cette réponse, elle n'est
point dans le *Journal des modes*, ou dans le dernier roman
d'Anatole France, c'est plutôt l'objection qui s'y trouve, la
réponse elle est dans l'apologie de Weiss, traduite par l'abbé
Collin, elle est dans celle de Hettinger, dans le dictionnaire
apologétique de Jaugey... Elle est dans Bossuet, Frays-
sinous, Lacordaire, Monsabré, Mgr d'Hulst, l'abbé de
Broglie; elle est toute dans la bibliothèque religieuse que

vous devriez avoir et que vous n'avez pas encore, ou dont vous ne vous servez pas, si vous l'avez. Ah, Mesdames, courage ! Quelles belles choses vous accomplissiez jadis au service de l'Eglise !!

C'est sur les conseils de femmes chrétiennes que saint Jérôme entreprend sa traduction des livres saints. C'est à des femmes et pour des femmes que les Pères de l'Eglise écrivent une partie de leurs traités, la belle lettre à Dénétriade, pour n'en citer qu'un.

Les femmes ont été profondément mêlées à la vie de l'Eglise. Saint Chrysostôme exilé de Constantinople confie à une femme les affaires les plus difficiles et la gérance intellectuelle du patriarcat.

C'est la comtesse Mathilde qui soutient Grégoire VII dans la querelle du Sacerdoce et de l'Empire; c'est Catherine de Sienne, qui en ramenant la papauté de France à Rome, lui rend son indépendance.

Continuez, Mesdames; et armez-vous par l'étude pour un apostolat plus indispensable que jamais.

En un mot, tous les devoirs s'enchaînent : si vous voulez pratiquer votre devoir de Française et de chrétienne, pratiquez votre devoir intellectuel.

J'ai dit dans ma conférence précédente que l'étude ne vous était pas moins nécessaire pour l'accomplissement de votre mission individuelle.

Mais les objections ne manquent pas : A devenir savante la femme, perdra son agrément; l'épouse, son activité de ménagère; la mère, son dévouement; la chrétienne, son humilité et peut-être sa foi.

Au XVIᵉ siècle, Gringoire écrivait :

> Depuis que femmes sont clergesses
> Plus qu'il n'affiert à leur nature,
> Ils sont sottes et vanteresses
> De trop haut fait font ouverture;
> Femme ne doit selon droicture
> Croire que ce que croit l'Eglise.

et Bossuet dans le panégyrique de sainte Catherine :

« Que si elles (les femmes) se sentent dans l'esprit quelques avantages plus considérables, combien les voit-on empressées à les faire éclater dans leurs entretiens, et quel paraît leur triomphe lorsqu'elles s'imaginent charmer tout le monde ! C'est la raison principale pour laquelle, si je ne me trompe, on les exclut des sciences, parce que quand elles pourraient les acquérir, elles auraient trop de peine à les porter ; de sorte que si on leur défend cette application, ce n'est pas tant, à mon avis, dans la crainte d'engager leur esprit à une entreprise trop haute que dans celle d'exposer leur humilité à une épreuve trop dangereuse ».

Ces conséquences découlent non de la science mais de l'abus de la science : la femme peut devenir savante sans cesser d'être femme : toutes les *précieuses* ne sont pas *ridicules*. Que si elles tirent quelque vanité de leur savoir, vanité pour vanité, j'aime encore mieux celle qui a pour objet les qualités intellectuelles, les connaissances acquises que la vanité misérable qui s'attache à des avantages purement extérieurs, que dis-je, à des ornements étrangers, même à la personne humaine, au luxe des vêtements et des bijoux, aux niaiseries ruineuses de la toilette. Mais dit-on, votre savante cumulera les deux vanités qui sont loin d'être incompatibles. Je crois qu'elles se combattent plutôt qu'elles ne s'accordent, et que tout au moins elles s'affaiblissent. D'ailleurs, voulez-vous corriger les savantes de la coquetterie scientifique, multipliez les femmes instruites, chacune d'elles cessant d'être une exception, cessera d'être vaniteuse, et portera plus modestement un mérite devenu banal. Mais vraiment qui n'a connu des femmes très instruites et très modestes ? Chacune de nos maisons d'enseignement renferme quelque religieuse, aussi humble que distinguée. Vous apprenez par ses compagnes et ses élèves, que c'est une femme supérieure, vous finissez par le constater vous-même ; je ne sais quel rayonnement inconscient qui l'enveloppe d'une sorte d'auréole la trahit (toutes les timidités de la violette ne l'empêchent pas d'être odorante), le parfum scientifique s'exhale donc à travers l'urne vivante qui le contient et voudrait l'emprisonner, la modes-

tie est vaincue par le mérite, elle n'en est pas moins réelle
et très compatible avec la science. Il y a des femmes qui
suivent le conseil de Fénelon « Il doit y avoir pour leur sexe,
dit-il, une pudeur sur la science, presque aussi délicate
que celle qui inspire l'horreur du vice ». « Non, toutes les
femmes instruites ne méritent pas la qualification de *bas bleu*
« grossière injure » s'écrie Mgr Dupanloup, qui ne saurait
qualifier que la femme qui a la prétention de la science
sans en avoir autre chose, qui tranche de ce qu'elle ne sait
pas, et la femme qui pose pour l'esprit et n'a pas d'esprit,
ou pas assez pour en faire un usage discret. »

Mais on a lu les *Sévriennes, un Lycée de jeunes filles*, ces
deux livres étincelants et tristes, fort tristes, livres révéla-
teurs ! Quelle verve, quelle richesse, quelle spontanéité
lumineuse de style, quelle rapidité dans la narration... et
quel réquisitoire contre la science qui mène si loin de Dieu
Marguerite Triel et Marie Fleuret. La preuve est admi-
nistrée par un témoin intelligent et compétent, donc... —
Donc, pensez-vous, la foi ne saurait se conserver que dans
les ténèbres, elle craint la lumière. Faut-il réfuter encore
une fois l'objection tirée de la prétendue incompatibilité de
la science et de la foi ? Elles se sont rencontrées trop souvent pour être incompatibles. Il suffit de nommer les
femmes illustres du xviiᵉ siècle : la marquise de Rambouillet, la duchesse de Montausier, la duchesse de Longueville, Jacqueline Pascal, Mᵐᵉ de Hautefort, Mᵐᵉ de Mot-
teville, Mᵐᵉ de La Fayette, Mᵐᵉ de Miramion, Mˡˡᵉ de
Lamoignon, Mᵐᵉ de Maure, Mᵐᵉ du Sablé, Mᵐᵉ de Main-
ténon, Mᵐᵉ de Villars, Mˡˡᵉ de Scudery et surtout cette
illustre marquise si simple, si naturelle

> Bel esprit qui gardait sous sa culture exquise
> L'indigène saveur du vieux terroir gaulois,

Mᵐᵉ de Sévigné, en un mot, si savante et si croyante,
presque théologienne, pour être convaincue que la science
et la religion s'appellent au lieu de s'exclure. Mᵐᵉ Swetchine n'était-elle pas très savante et très chrétienne. Et si

nous remontons dans le passé, quel cortège imposant de
chrétiennes unissant la foi la plus vive à une science
presque encyclopédique. Sainte Lioba est associée aux
missions de saint Boniface, qui l'estimait, dit un bio-
graphe, à cause « de la sûreté de son érudition » ; sainte
Hilda, abbesse de Whitby, était aussi savante que ver-
tueuse ; Bertile, religieuse de Chelles, attirait, au vıᵉ siècle,
un grand auditoire à ses leçons sur l'Ecriture-Sainte ; sainte
Cécile, abbesse d'un monastère de Caen, Emma, abbesse
de Saint-Amand, n'étaient pas moins célèbres de leur
temps ; Herrade fut la merveille de son siècle par ses connaissances cosmologiques ; sainte Hildegarde a laissé à
l'Allemagne des œuvres qui au xııᵉ siècle devançaient de
beaucoup la science de son époque ; le P. Gratry, dans sa
Logique cite une très belle page d'une femme philosophe,
sainte Elisabeth de Henarvge. Sainte Catherine de Sienne,
dit Ozanam, fut un grand écrivain ; on peut en dire autant
de sainte Brigitte, sainte Gertrude. Sainte Catherine de
Bologne fit des traités savants, peignit d'admirables minia-
tures, composa des chants sacrés, inventait même les ins-
truments qui servaient à les exécuter, vraiment digne de sa
sœur par la foi, de cette sainte Catherine d'Alexandrie qui
disait à ses bourreaux : « Je me suis exercée dans toutes les
parties de la rhétorique, de la philosophie, de la géométrie
et des autres sciences ». Que dire de sainte Thérèse qui ne
soit au-dessous de son mérite ?

Or, le témoignage de quelques malheureuses Sévriennes,
de quelques Lycéennes qui ont cessé de croire, que pèse-
t-il comparé à l'affirmation, à la définition proclamée par
ce véritable concile féminin, composé de femmes supérieures, aussi distinguées par leur science que fermes dans
leur foi ? Mais si la science n'est pas incompatible avec la
religion, n'est-elle pas incompatible avec les circonstances
qui emprisonnent la vie et l'activité de la femme ? Quand
l'épouse, la mère, la femme du monde, ont pris chacune le
temps qui leur appartient, que reste-t-il donc à l'étudiante ?

Il lui reste le temps que Mᵐᵉ de Sévigné et ses illustres
contemporaines, toutes épouses et mères, consacraient à

leurs études si étendues, sans préjudice pour leurs devoirs d'état ; il lui reste le temps perdu en conversations inutiles, futiles, médisantes, pour ne rien dire de plus ; il lui reste le temps qu'elle passe à lire les romans coupables sous prétexte que si une jeune fille doit tout s'interdire, une femme mariée peut tout se permettre ; il lui reste le temps qu'elle emploie non point à faire mais à refaire sa toilette pour la refaire après l'avoir refaite ; il lui reste le temps qu'elle prendra sur ses études musicales de plus en plus absorbantes : elle étudie son piano comme si elle était obligée d'égaler les professionnelles. Vous croyez que le temps vous manque quand c'est vous qui manquez au temps. L'une d'entre vous, Mme Geoffrin en convient : « Il y a, dit-elle, trois choses que la plupart des femmes jettent par la fenêtre : leur temps, leur santé et leur argent. »

Ah ! Mesdames, faites votre prière du matin à 7 heures, celle du soir à 9, à 10 heures au plus tard ; entretenez la paix de votre âme par une pratique sincère et courageuse de la religion et vous trouverez ce temps qui ne manque jamais à vos plaisirs et qui manque trop souvent à vos devoirs religieux ou à votre devoir intellectuel. Je crois que l'on peut ce que l'on veut, et que l'on a le temps que l'on veut avoir, mais il faut vouloir et porter une main courageusement meurtrière dans le fourré d'inutilités absorbantes, dans cette fondrière de bagatelles où s'est engagée et embarrassée votre volonté, et dont vous ne sortirez que la hache à la main, vous frayant péniblement un chemin pour arriver à travers cette brousse jusqu'à votre bibliothèque.

— Au moins, faut-il savoir travailler, nos enfants ont un maître, nous n'en avons plus, qui nous donnera un programme ?

Personne ne peut vous le donner que vous-même. Choisissez-le donc ou si vous aimez mieux le recevoir que le choisir, aidez votre conseiller à vous donner non un programme, mais *votre* programme, celui qui vous convient, le seul que vous pourrez suivre. Un programme, c'est un traitement intellectuel, c'est l'hygiène que réclame votre constitution, faites-vous donc connaître avant de vous faire traiter. Car le programme doit répondre aux convenances de votre tempérament féminin, de votre tempérament personnel et de votre situation. Mais avant tout vous connaîtrez votre religion, parce que vous n'avez pas le droit d'ignorer ce que vous devez croire, faire et même propager et défendre. Puis vous êtes femme, vous aimez la littérature. Etudiez la littérature. Ces messieurs vous le permettent. Jules Simon s'adressant aux réformateurs, leur adresse ce reproche : « Vous nous ferez des pédantes au lieu des lettrées dont nous avons tant envie. » M. Jules Janet veut qu'on élève la femme de manière « qu'elle puisse lire Mme de Sévigné sans s'ennuyer et écouter une tragédie de Racine sans bailler ». Etudiez donc la littérature, plutôt la littérature que l'histoire littéraire, ajouterai-je avec M. Legouvé (1). « Pas de mathématiques du tout, poursuit le même écrivain. Je dis des mathématiques obligatoires. » Il parle pour les jeunes filles, les femmes qui ne sont plus jeunes ne sont certainement pas devenues mathématiciennes et peuvent prendre pour elles le conseil du sympathique Nestor de l'enseignement féminin. M. Rochard est peut-être moins exclusif : quoique les femmes aient peu de goût pour les sciences, faut-il les en dispenser ? Non, surtout à une époque où elles règnent. Mais « il n'est pas nécessaire pour cela que l'instruction de la femme soit élevée à la même hauteur que celle de l'homme : il faut qu'elle soit suffisante pour le comprendre. » Legouvé se contenterait pour des Sévriennes « d'un cours de science fait à la façon d'Arago, sans sciences. Figurons-nous une histoire vivante, biographique, familière, mise à la portée de tous, des grandes inventions et des grands inventeurs. »

Je crois vraiment inutile d'insister pour vous prier de ne pas abuser des mathématiques. En revanche, M. Legouvé conseille à ses étudiantes l'étude des langues et des littératures étrangères. Inspirez-vous encore dans la composition de ce programme de votre tempéramment personnel.

_____

(1) LEGOUVÉ, *Dernier travail, derniers souvenirs.*

Vous aimez l'histoire ou la littérature, les sciences naturelles, peut-être même la philosophie, peut-être, tout est possible, ces mathématiques interdites aux méninges féminines par la sagesse paternelle de M. Legouvé et la science de M. Rochard, étudiez ce que vous aimez, on n'est jamais téméraire en suivant sa vocation et l'attrait qui la manifeste.

Vous tiendrez compte enfin de votre situation personnelle. Vous avez des loisirs, élargissez votre programme, restreignez-le si vous n'en avez pas. Vous êtes la femme d'un médecin étudiez un peu la médecine, femme d'un avocat, d'un magistrat essayez d'étudier le code ; si vous êtes associée à la vie et à la gloire d'un homme de lettres, je ne vous conseille pas d'étudier la littérature car vous avez prévenu mes conseils et je crains même que vous ne les dépassiez, et que, sous le pavillon littéraire, vous ne laissiez entrer dans votre bibliothèque et votre âme bien des marchandises suspectes. Car quel autre nom donner à ces œuvres qui procèdent bien moins de la spéculation artistique que de la spéculation industrielle, de la spéculation qui pense que de celle qui compte. Si la Providence miséricordieuse a fixé votre séjour à la campagne résignez-vous à être châtelaine, vivez sur vos terres, aimez vos terres, connaissez vos terres, collaborez à l'œuvre agricole du châtelain, votre époux, et si la pensée de fuir *la terre qui meurt* (1) vous traverse l'esprit, protestez contre ce qu'un jeune et sage écrivain appelle une *abdication* (2). Restez au milieu de vos paysans parce que si vous cessez de les diriger d'autres les mèneront où vous ne les auriez jamais menés. Que de fois la coquetterie mélancolique et boudeuse, la nostalgie des salons de la grande ville a chassé de la campagne, où ils faisaient du bien, les gentilshommes tout-puissants hier, sans influence aujourd'hui, qui visitent leur château plutôt qu'ils ne l'habitent, qui gouvernent de loin leurs champs et l'âme de leurs fermiers, et qui s'éton-

(1) René Bazin, *La terre qui meurt.*
(2) S. D'Azambuja, *L'abdication.*

nent de voir échapper à leur influence ceux qu'ils dédaignent de conduire. Dans ces exodes, presque toujours c'est la femme qui conduit la caravane *Dux femina facti*. Mais on ne reste que là où l'on ne s'ennuie pas, il y a quelque vérité dans l'axiome vulgaire *ubi bene ibi patria*, ma patrie est partout où je suis heureuse. Soyez heureuses à la campagne, étudiez à la campagne non seulement l'agriculture mais quelqu'une des sciences mentionnées plus haut, et alors les journées même rurales seront courtes et fécondes, et vous demeurerez sous ces murs sanctifiés par le souvenir des ancêtres, continuant l'œuvre de vos aïeux, au milieu de vos paysans restés fidèles, et donnant à une aristocratie désertrice le patriotique exemple de la résidence.

Que vos études s'accordent avec la situation que vous avez, avec celle, pardonnez-moi de vous attrister, que le malheur pourrait vous faire. Est-il donc impossible de de voir s'écrouler les bonheurs les plus assurés? Si des circonstances douloureuses vous apportaient brusquement les responsabilités de l'administration domestique pourriez-vous les accepter? Ah! Mesdames, résignez-vous plutôt au labeur de certaines initiations qu'à l'éventualité de remettre à des mains étrangères des intérêts qui ne peuvent être en sécurité que dans les vôtres.

Me permettrez-vous d'ajouter quelques indications pratiques. Vous pourrez consulter soit le programme d'études proposé aux femmes par l'auteur de *Quelques conseils aux femmes chrétiennes qui vivent dans le monde*, § III (1); soit les programmes du brevet supérieur ou de l'examen d'entrée de l'Ecole de Sèvres, soit un conseiller expérimenté, sans oublier néanmoins que si les autres conseillent, c'est à vous qu'il appartient de conclure, si toutefois vous consentez à conclure. Car vous ai-je persuadées, ai-je même tout a fait persuadé celui qui vous parle en ce moment?

Saint Evremond pressent pour la femme une importance indépendante de sa beauté, il dit par quels dons

_____

(1) Mgr DUPANLOUP, *De la haute éducation intellectuelle*, III, p. 563.

d'esprit et d'âme elle accroîtrait son empire, mais... il le dit dans un livre qu'il intitule : *La femme qui ne se trouve point et ne se trouvera jamais*. Voilà pourquoi je voudrais avant de finir, vous proposer quelques exemples qui m'ont affermi moi-même dans la doctrine que je prêche sur le devoir intellectuel des femmes. Je craignais donc de n'avoir fait qu'un poème en prose, d'avoir rêvé au lieu d'avoir pensé, et je doutais presque de moi-même lorsque j'ai ouvert Bossuet et je l'ai vu félicitant la duchesse d'Orléans de son goût pour l'histoire « qui lui faisait perdre le goût des romans et de leurs fades héros »; j'ai lu sa lettre à Mme d'Albert de Luynes, religieuse de l'abbaye de Jouarre. Voici comment il s'exprime : « Vous pouvez apprendre à ces demoiselles (aux élèves pensionnaires) ce que vous savez d'arithmétique, de la carte et de l'histoire. Le blason est moins que rien mais on le peut apprendre en peu de temps... Il n'y a nul inconvénient à leur faire lire l'histoire romaine, soit dans les originaux ou dans Coeffeteau. Pour le latin, vous pouvez ajouter, aux lettres de saint Jérôme, les histoires de Sulpice-Sévère. Bannissez, de toutes manières, les chansons d'amour. » (1)

Je vous recommande surtout le programme de lectures de la marquise de Sévigné. (2). Elle n'était pas moins « dévoreuse de livres » que sa fille Mme de Grignan. « J'ai apporté ici, dit-elle (elle était aux Rochers), quantité de livres choisis; je les ai rangés ce matin; on ne met pas la main sur un tel qu'il soit, qu'on n'ait envie de le lire tout entier; toute une *tablette* de dévotion; l'autre est toute d'histoires admirables, l'autre de morale, l'autre de poésies de nouvelles et de mémoires. » Voilà bien les divisions générales de la bibliothèque, de la *librairie*, comme diraient Montaigne, et Mme de Sévigné. Il est temps de parcourir ces diverses *tablettes* ou rayons.

« *Tablette* de dévotion. » La Bible de Royaumont et dans

---

(1) BOSSUET, Lettre CCXL.
(2) Voir le très savant, le très intéressant article de l'abbé DELMONT, *Les lectures d'une Châtelaine au XVIIe siècle, Revue de Lille,* avril 1901, pp. 510 et suiv.

la Bible principalement les Epîtres de saint Paul ; les Pères
de l'Eglise et en particulier Origène, saint Augustin et
saint Jean Chrysostôme ; *La Guide des Pécheurs*, du
P. Louis de Grenade, les *Oraisons* du P. Cottin « toutes
les belles oraisons funèbres de M. de Meaux, de M. l'abbé
Fléchier, de M. Mascaron, du Père Bourdaloue. » « Tout est
au-dessous des louanges que mérite Bourdaloue, » qu'elle
appelle « le grand Bourdaloue; et le grand Pan... un ange
du ciel. » La *tablette* commence à être chargée. Rangeons
cependant encore à côté des ouvrages cités l'*Année chrétienne* de Letourneux et la *Prière continuelle* de Jean Ha-
mon; les lettres de saint Cyran où Bossuet ne découvre
qu'une « piété sèche et alambiquée », et qu'elle estime
« l'une des plus belles choses du monde » (1). Comme elle
était quelque peu janséniste de tendances, sa curiosité lui
faisait déplorer l'hérésie et admirer l'apologétique d'Aba-
die ; inutile d'ajouter à cette liste le livre sur la *Fréquente
communion*, ou, comme on disait alors, sur l'*Infréquente
communion* du grand Arnaud.

Voilà quelle place cet esprit éminent faisait dans ces
études à la religion ; avais-je tort de vous recommander
l'étude de la théologie. Mais la marquise frayait plus volontiers avec les moralistes qu'avec les théologiens. Aussi
rencontrons-nous sur la « *tablette de morale* », « Sénèque,
Epictète, Platon, dont les dialogues sont si beaux ». Les
Essais de Montaigne, le « Socrate chrétien », de Balzac, la
Rochefoucauld, Descartes dont la philosophie est « déli-
cieuse », Malebranche, La logique de Port-Royal, Pascal,
dont elle préfère les *Petites Lettres* aux *Pensées*, Nicole et
ses *Essais de morale*...

La *tablette d'histoires admirables* est plus chargée encore :
elle contient la *Vie des Pères du désert*, puis l'*Histoire de
l'Eglise* par Godeau, « tout à fait belle » ; l'*Histoire de
l'Eglise* par l'abbé de Choisy, la *Vie de Théodose* par
Fléchier, l'*Histoire des Croisades* par le P. Mainbourg,

(1) Voir l'article de l'abbé DELMONT, dans *la Revue de Lille*,
avril 1901, p. 519.

auquel la judicieuse marquise reproche son style « qui à
ramassé le délicat des mauvaises ruelles », l'*Arianisme* du
même auteur, l'Histoire des croisés et des derniers empe-
reurs chrétiens à Byzance par la princesse Anne Commène ;
une histoire romaine, *La Vie de saint Louis* par Tillan de
la Chaise. Elle étudie dans' Eudes de Mézeray l'histoire
de la première et de la seconde race, le roi Jean dans l'abbé
de Choisy, l'*Histoire des guerres de religion* dans Davila,
la *Vie du duc d'Epernay* et celle de *Duguesclin* dans
Hay du Chastelet. Elle lit dans le texte l'Histoire de
l'Italie en 20 livres de Guichardin, l'*Histoires des guerres
civiles de Flandre* de Bentivoglio ; elle lit dans le texte
espagnol l'*Histoire de la réunion du Portugal* par Cones-
tagio. Nous n'avons pas encore épuisé cette *tablette* sur
laquelle l'insatiable marquise a placé encore *la Vie de
saint Thomas de Cantorbéry* et la *Réformation d'Angleterre* par Burnet, la *Découverte des Indes*, la prise de Cons·
tantinople, une petite *Histoire de Viziers*. N'oublions pas
enfin que nous sommes au xviie siècle et ne nous étonnons
pas de trouver sur la même *tablette* les *Annales* de Tacite,
« si profondes, si éloquentes ». Les *Vies Parallèles* de Plu-
tarque, les *Antiquités judaïques* de Joseph.

« Comment conclueron-nous avec l'abbé Delmont, ne
pas nous extasier... sur l'ampleur et la puissance de cet
esprit de femme capable de mener de front tant d' « Histoires admirables », histoire de l'Eglise, histoire de
France... »

Comment nous accuser, d'ambition chimérique pour
l'intelligence féminine quand une femme nous fournit une
bibliothèque d'arguments. Mais notre conclusion est pré-
maturée car il nous reste à recenser la *tablette* de *Poésies* de
Nouvelles et de *Mémoires*. Quelle nomenclature significative! Homère, Socrate, Démosthène, Lucien, Virgile
non pas travesti, Horace, Martial, Catulle, Ovide, Té-
rence, Cicéron, Quintilien, la *Jérusalem délivrée*, l'*Aminta*
du Tasse, la Philli du Sciro de Bonarelli, le *Pastor fido*
de Guarini, l'Orlando de l'Arioste, le *Don Quichotte*.
Comme on le voit, l'exotisme n'est pas une maladie con-

temporaine ! Quant aux orateurs français, ils se pressent et s'entassent sur la *tablette* fléchissante. Comme tous ses contemporains, la Marquise goûte peu le Moyen-Age, l'histoire de nos littératures commence pour elle au XVIᵉ siècle. Aussi, voici Montaigne, Marot, Rabelais. Viennent ensuite Voiture, Godeau, Sarrasin, Benserade, la Calprenède, Quinault, La Fontaine, Mᵗˡᵉ de Scudery et les grands, les Choryphées du grand siècle, Boileau, Corneille et Racine.

Comme l'abbé Delmont a raison de s'écrier : « Qu'on mesure, si l'on peut, la décadence de... l'éducation religieuse et littéraire à notre époque de féminisme et d'instruction à outrance, où nos femmes les plus distinguées seraient absolument incapables de tenir conversation avec une Sévigné qui trouvait en son temps bien des partenaires. » Nous voudrions donner des partenaires aux Sévigné de notre XIXᵉ siècle, et surtout donner à nos compatriotes et contemporaines le sentiment de leur devoir intellectuel qui, bien rempli, assurerait l'accomplissement de leurs obligations d'épouses, de mères, de françaises et de chrétiennes. En pareille matière, on risque de s'égarer, de trop demander, on cotoie le chimérique, madame de Sévigné nous rassure. — « Elles peuvent bien faire ce que j'ai fait ». Non, Marquise, nous ne ferons pas ce que vous avez fait. La plume qui a écrit vos lettres est brisée ; mais nous pourrons lire ce que vous lisiez ; pratiquer vos vertus intellectuelles n'est que difficile, écrire comme vous écriviez est impossible. Il n'y aura qu'une Sévigné dans notre littérature.

J'ai mieux aimé vous proposer l'exemple d'une française que celui de l'impératrice Augusta, l'épouse mélancolique et distinguée du soudard Guillaume I, le mystique souverain qui a consenti à bénéficier des opérations d'un ministre faussaire, et ne se croyait pas obligé de faire le bonheur de sa compagne, encore moins d'écouter des supplications qui plaidaient la cause du malheur. Ces malheureux étaient français donc !...

Or, l'impératrice Augusta se consolait de son... exil en

plein palais impérial et de la dureté des victoires allemandes
en étudiant les sciences naturelles, l'histoire, la philosophie... Elle connaissait à fond notre langue et notre littérature. Combien y a-t-il de françaises capables de comprendre
Gœthe comme elle comprenait Corneille et Bossuet !!

Comment donc. Et le féminisme social, la femme ingé-
nieur, avocat, médecin, chef de gare, directeur de l'enregis-
trement, la femme magistrat, procureur, juge d'instruction(1),
la femme électeur, député, sénateur, ministre, président de
la République... vous n'en parlerez pas ! Et Madame Paule
Minck, les rédactrices de la *Fronde*, le théâtre féministe, le
club féministe ?... Vous n'ignorez pas que de graves esprits
voudraient les uns ouvrir, les autres entrebailler, les
autres fermer complètement la porte, la mûrer devant les
revendications féministes. Je sais qu'aux Etats-Unis en
1890, les femmes avaient occupé 200.000 places réservées
aux hommes. Ainsi la première bataille économique a
coûté aux hommes 200.000 morts. Mais je ne peux traiter
une question qui est étrangère à mon sujet, parce qu'elle
vous intéresse (2). J'aime mieux vous renvoyer aux écrivains
qui ont abordé cette délicate question, à M. Henry Moreau,
auteur de *L'un ou l'autre* qui expose avec une logique si
poignante et si éloquente sa thèse de l'antiféminisme social,
à M. Jules Lemaître, si substantiel et si judicieux dans le
lumineux chapitre où il aborde cette question (3), à M. Mar-
cel Prévost, qui a consacré sa jeunesse à peindre la faiblesse
féminine, et consacre sa maturité à défendre les revendications féministes, ce qui n'a pas empêché l'auteur des

(1) « Les juges d'instruction, ça devrait être des femmes, » dit
Mᵐᵉ Vagret dans la *Robe Rouge*.
(2) Quelques chiffres empruntés à l'ouvrage récent de M. d'Haus-
sonville : « Salaires et misères de femmes » sont tristement suggestifs :
Pour l'instruction publique les demandes ont été si nombreuses
qu'on a dû en éliminer plus de 7.00. Sur les 1014 conservées, 193
emplois ont été donnés dans les écoles de filles de la Seine : les
autres candidates devraient attendre une moyenne de cinq ans.
Postes, télégraphes et téléphones : 5000 demandes, 200 places ;
Banque de France : 6000 demandes, 20 à 25 places par an ;
Comptoir d'escompte : 417 demandes, 25 places.
(3) *Opinions à répandre*, p. 165.

Vierges fortes d'être brûlé, lui, en effigie et ses ouvrages
en réalité par quelques Barcelonnaises (1) qui se sont cons-
tituées les exécutrices des hautes œuvres de leur sexe ; à
MM. Granier de Cassagnac, Jules Bois, Macé, Desprez, à
Stuart-Mill, à sir James Stansfeld, Saffi, Bertani, Sacchi,
Mario, à Mgr Spalding, évêque de Peoria. Avouons toutefois que quelques féministes compromettent singuliè-
rement la cause, si d'autres l'honorent et la servent. Nous
inclinerions, sans nous prononcer toutefois, vers le sentiment que le R. P. Auguste Rosler exprime dans la « question féministe » (Traduction de Mᵐᵉ J. de Rochay, Introd.,
p. xxiv) « Une sage réforme dans l'éducation féminine du
haut en bas de l'échelle sociale : la participation plus
agissante, plus complète de la femme des classes élevées
au mouvement social de notre époque, son initiation plus
sérieuse aux grandes questions agitées en ce moment : ce
serait le véritable féminisme, le seul efficace, car ce serait
le féminisme chrétien. »

Je me hâte de fermer la parenthèse et de conclure : étudiez, Mesdames, c'est une affaire d'honneur national, ne
permettez pas à Mgr Spalding d'écrire : « C'est le *privilège*
et la gloire des peuples de langue anglaise dont l'activité
remplit aujourd'hui le monde (De quoi le remplit-il en ce
moment au sud de l'Afrique) d'avoir été les premiers à comprendre les droits de la femme à l'instruction supérieure. »
Mgr Spalding n'a point lu Fénelon et Mgr Dupanloup.

C'est une affaire d'honneur catholique.

L'Amérique protestante, la Russie schismatique, paraissent vouloir s'approprier l'honneur de cette révolution, il
faut leur enlever ce monopole. Je dirai plus, la France
maçonnique essaie de compromettre l'église, de la repré-
senter comme l'avocate de l'ignorance féminine qu'elle
entretiendrait afin d'entretenir sa domination... elle éteint
les reverbères afin de détrousser les âmes dans l'ombre.
C'est à peu près le style de ces gens-là. Eh bien, il ne vous

(1) *Annales politiques et littéraires*, 9 mars 1901, p. 150.

convient pas de laisser la libre-pensée prendre cette posi-
tion. Ne me dites pas : toutes les craintes qu'inspire le féminisme, même simplement intellectuel, ne sont pas chimérique. La loi du 21 octobre 1880 établit pour les femmes
l'instruction secondaire et supérieure ainsi que l'accession
aux diplômes qui en résultent (baccalauréats, licences...)
Vous pourriez combattre le féminisme intellectuel si l'enseignement supérieur des femmes n'existait pas. Mais il
existe... Donc il ne faut pas accepter devant l'opinion
publique le rôle d'avocat de l'ignorance. L'Eglise sans se
dissimuler que la vulgarisation de l'enseignement primaire
accroîtrait encore le mal de la dépopulation des campagnes
et du déclassement n'a point hésité, comparant les avantages aux inconvénients, à établir dans toutes les campagnes
des écoles primaires, elle raisonnera de même pour l'enseignement supérieur des femmes. Elle vous dira : fondez des
écoles d'enseignement supérieur féminin, envoyez vos filles
à ces écoles et vous-même étudiez afin de pouvoir causer
plus tard avec celles qui en sortiront.

Mgr Péchenard, recteur de l'Institut catholique de Paris
écrit avec l'autorité de sa haute situation, de son expérience
et de son talent :

« Nous ne saurions... passer sous silence le vaste effort
tenté à notre époque pour élever le niveau intellectuel de
la femme. En tant qu'il a pour but d'accroître la dignité de
la femme, d'assurer son influence au sein de la famille et
d'améliorer sa condition sociale, ce mouvement peut être
revendiqué comme découlant de l'esprit même du christianisme...

... Plusieurs n'y ont vu qu'un engouement passager ; ne
faut-il pas plutôt y voir une évolution durable que rien ne
paraît devoir arrêter. »

Que faire alors ? Le devoir est tout tracé :

« Une grande lutte est engagée... sur ce terrain (l'éducation de la femme) entre la foi et la libre-pensée. Pour en
sortir victorieuse l'Eglise devra non-seulement conserver
toute sa supériorité pour l'éducation religieuse et morale,
mais encore tenir tête à son adversaire par un enseigne-

ment littéraire et scientifique de plus en plus perfectionné. (1) »

Peut-être avez-vous lu *Résurrection*, de Tolstoï. Dans ce livre puissant et triste, Vera Efremowna (2) s'entretenant avec Nekludov, lui dit cette parole profonde : « Je ne peux rien parce que je ne sais rien. »

Mesdames, Dieu me garde de vous appliquer cette maxime vous pouvez beaucoup parce que vous savez beaucoup, mais vous pourriez davantage si vous saviez davantage, si vous vouliez bien pratiquer plus encore et au besoin même prêcher avec nous et mieux que nous le DEVOIR INTELLECTUEL.

Je ne voudrais pas finir cependant par une formule empruntée au néo-christianisme socialiste et mystique du grand romancier russe, je vous citerai donc la spirituelle réponse d'une sainte religieuse qui fut une éducatrice supérieure. A quelques chrétiennes pusillanimes qui condamnaient l'instruction supérieure des femmes, la mère Barrat répondit : « Mes sœurs, nous sommes assez sottes par nature ne le devenons pas par grâce, c'est inutile. » L'humilité de la mère Barrat a, comme vous le voyez, beaucoup d'esprit. Pardonnez-lui sa franchise, pardonnez-moi ma témérité, et réfutez les trop nombreuses malices (ne faudrait-il pas dire calomnies ?) de cette conférence en acccomplissant votre *devoir intellectuel*, tout votre *devoir intellectuel*. Ainsi soit-il !

---

(1) *Un siècle*, mouvement du monde de 1800 à 1900, pp. 326, 328.
(2) P. 221.

LISTE

DES PRINCIPAUX OUVRAGES CONSULTÉS

Genèse, I, 27 ; II, 8, 21, 23.

Ecclésiastique, cap. XVII, 5.

I *Corinthiens*, cap. XI, 9.

Ep. aux Ephésiens, cap. V, 22.

Prov. XXXI, 10.

De l'Institution des Enfants : MONTAIGNE, *Essais*, liv. I, chap. XXV ; liv. III, chap. III.

Traité de l'Education des Filles : FÉNELON.

Panégyrique de sainte Catherine : BOSSUET.

Caractères : LA BRUYÈRE, *chap. des femmes.*

Lettres à Mlle *Adèle de Maistre*, 4, 5, 6, 8, 38, 63 et particulièrement 12, 13 ;
    A Mlle *Constance de Maistre*, 7, 72 et particulièrement 59, 61, 64, dans les *Lettres.*

Lettres et Opuscules inédits du comte de Maistre ; Paris, Aug. Vaton, libraire-éditeur, 50, rue du Bac, IVe édition, t. I.

Quelques conseils aux Femmes chrétiennes, qui vivent dans le monde, sur le travail intellectuel qui leur convient : Mgr DUPANLOUP, œuvres complètes, VI volumes ; *De la haute Education intellectuelle*, t. III, pp. 547 et suiv.

Apologie du Christianisme : FRANZ HETTINGER, t. V, pp. 205 et suiv.

Apologie du Christianisme : R. P. A. M. WEISS, O. P., *L'homme complet*, I, pp. 443-474 et 502-524. — Traduction de l'abbé Collin (Lazare).

L'Education supérieure des Femmes : Mgr SPALDING, évêque de Peoria, aux Etats-Unis. Ouvrage traduit par l'abbé Félix KLEIN. Paris, librairie Bloud et Barral, 1900.

Les Religieuses enseignantes et les nécessités de l'Apostolat : Mme MARIE DU SACRÉ-CŒUR. Rondelet, éditeur, Paris, rue de l'Abbaye, 3.

L'Ecole, 2ᵉ édition : Jules Simon.

La Psychologie de la Femme . Henri Marion.

Idéal antique, Idéal nouveau : Nicolas Marini, protonotaire aposto-lique, traduit de l'italien, par Mgr Le Monnier, C. S. de S. S. Rome, Imprimerie de la Paix de Ph. Luggiani; via della Pace, num. 35, 1900.

Itimmen aus Maria Lacch ; Katolische Blatter Iahrgang, 1900, Neuntes Heft, 22 october 1900; Freiburg, im Brisgau.

Ce que le Christianisme a fait pour la Femme : Gabriel d'Azambuja. Paris, librairie Bloud et Barral, 4, rue Madame, 1899.

Le Féminisme de tous les temps : M. Maryan et G. Béal. Paris, Bloud et Barral, 4, rue Madame.

Dernier travail, derniers souvenirs : Legouvé.

La Femme catholique et la Démocratie française : Vicomtesse d'Adhémar. Librairie académique, Perrin et Cⁱᵉ, 1900.

Les Sèvriennes : G. Réval. Paris, Ollendorf, 1900.

Un Lycée de jeunes filles : G. Réval. Paris, Ollendorf, 1901.

Opinions à répandre : Jules Lemaitre, de l'Académie française. Paris, Ancienne librairie Lecène Oudin et Cⁱᵉ, 1901.

Les Femmes et le Devoir social, articles de J. Lemaitre, dans *l'Echo de Paris*, mai 1901.

L'un ou l'autre : Henri-C. Moreau. Paris, librairie Plon, 1901.

Un Siècle, Mouvement du Monde de 1800 à 1900; p. 307 (et plus particulièrement le chapitre xiii, p. 310), par Mgr Péchenard.

La Femme et les Penseurs, Correspondant : 25 février 1901 ; pp. 680 et suiv. 10 mars, 912 et suiv. ; articles de M. E. Lamy.

Lyon. — Imprimerie Emmanuel Vitte, rue de la Quarantaine, 18.